KB141549

NEW 차이나 트렌드

이 도서의 국립중앙도서관 출판예정도서목록(CIP)은 서지정보유통지원시스템 홈페이지(http://seoji.nl.go.kr)와 국가자료공동목록시스템(http://www.nl.go.kr/kolisnet)에서 이용하실 수 있습니다.(CIP제어번호: CIP2014034263)

질주하는 경제중국의 새로운 선택

NEW 차이나 트렌드

박승준 지음

도서 출판 프리뷰

대당大唐 제국의 부활 꿈꾸는
시진핑의 중국

시진핑(習近平)의 손은 두툼하고 따뜻했다. 2009년 12월 18일 서울 시내 소공동 롯데호텔에서는 국가부주석으로 한국을 방문한 시진핑을 위한 조찬모임이 열렸다. 박삼구 금호그룹회장이 이사장으로 있는 한중우호협회가 주최한 조찬모임이었다. 박 회장의 배려로 베이징 특파원으로 일했던 조선일보 기자인 필자에게 시 부주석과 가장 먼저 악수하는 기회가 주어졌다. 시진핑의 손은 따뜻했고 촉촉했으며, 웃음은 넉넉했다.

2007년 말 제17차 중국공산당 전국대표대회에서 9인의 정치국 상무위원 가운데 한 명으로 선출된 시진핑이 회의를 주재하는 모습을 몇 차례 기자석에서 지켜본 일이 있다. 중국특파원으로는 세 번째, 베이징특파원으로는 두 번째로 일하며 당대표들의 회의나 인민대표들의 분임회의를 주재하는 시진핑을 보았을 때 인상 깊었던 것은 우선 목소리가 듣기 좋았다는 점이었다. 그는 낮으면서도 실내를 쩌렁쩌렁 울리게 하는 음성을 지니고 있다. 회의 참석자들의 말을 잘 경청하는 좋은 습관을 갖고 있고, 내용을 총괄해서 정리를 잘 마무리하는, 타고난 사회자의 능력을 보여주었다.

2005년 7월 저장(浙江)성 당위원회 서기 자격으로 인천공항에 내린 시진핑은 넉넉한 체격 때문인지 그에게서 중국공산당과 중화인민공화국, 13억 중국인들의 미래를 책임질 사람으로서 지닐 법한 날카로움을 찾아보기는 쉽지 않았다. 다만 평양을 먼저 방문한 다음 곧이어 서울을 방문한다는 사실 때문에 그가 후진타오(胡錦濤) 다음의 중국 최고지도자로 선정될지도 모른다는 추측을 하게 만들었다. 당시 한국 내에서는 시진핑을 아는 사람도 드물었고, 우리 외교부가 중국의 지방지도자까지 영접할 여유가 없어 그가 들어선 인천공항 귀빈실은 사람이 별로 없는 썰렁한 분위기였다.

2010년 가을에 열린 중국공산당 제17기 중앙위원회 5차 전체회의(5중전회)는 시진핑 정치국 상무위원을 중앙군사위 부주석으로 선출함으로써 중국공산당이 그를 후진타오 다음의 중국공산당 최고지도자로 내정했음을 중국 안팎에 선포했다. 군인 출신이 아닌 당의 정치국 상무위원에게 군사위원회 부주석 자리를 맡긴다는 사실은 곧 그가 당의 최고 지도자 자리에 오를 것이라는 강력한 예고였다. 그는 예정된 중국공산당 최고 지도자의 자리로 수직 엘리베이터를 타고 상승해서 2012년 11월 중국공산당 제18기 중앙위원회를 이끄는 당 총서기의 자리에 앉았다. 그가 좌고우면(左顧右眄) 하지 않고 곧바로 자신의 정치적 목표가 중국의 꿈이라고 했을 때 우리는 또 한 번 놀랐다.

그는 2012년 11월에 개최된 중국공산당 제18차 전당대회에서 "중국의 꿈은 중화민족의 위대한 부흥을 실현하는 것이며, 이 꿈은 중화민족이 근대 이래로 꾸어온 위대한 꿈"이라고 제시했다. 그러면서 '두 개의 100년'(兩個一百年)이라는 시한을 설정했다. 하나의 100년은 중국공산당이 창당된 1921년 이후 100년이 되는 2021년까지 전면적인 소강(小康) 사회를 실현하는 것이며, 또 하나의 100년은 1949년 중화인민공화국 정부가 수립된 이후 100년이 되는 2049년까지는 중국의 꿈을 실현한다는 것이었다. 시진핑이 2021년까지 이룩하겠다고 다짐한 전면적인 소강사회의 실현에 제시된 소강사회란 원래 중국 개혁개방 정책의 창시자인 덩샤오핑이 제시한 개념으로 중산층이 폭넓게 형성된 중진국을 가리키는 말이었다. 시진핑이 그리는 '중국의 꿈'은 그런 중진국을 넘어 2049년까지는 역사상 경제와 군사력도 강하고, 문화적 영향력도 가장 강력했던 대당(大唐)제국의 부활을 실현하겠다는 꿈을 제시한 것이다.

패권 카드 만지는 중국의 전환코드 읽어야

시진핑은 '중국의 꿈'을 제시하면서 버락 오바마 미국 대통령에게 두 나라가 신형 대국(大國)관계를 맺자고 제의했다. 중국이 이미 미국 다음으로 경제적인 몸집이 세계2위로 커진 만큼 경제적인 지위에 걸맞은 정치적 발언권을 달라는 것이다. 신형 대국관계를 국제사회에서 차지해야 할 위상으로 설정한 시진핑의 중국은 이미 이란 핵문제, 극단주의 무장단체 이슬람국가(IS) 문제 등에 대해서 적극 개입하는 자세를 취하고 있다.

시진핑은 2013년 11월에는 한국을 포함한 중국 주변 국가들에 대한 외교정책의 기본 개념으로 친성혜용(親誠惠容)을 제시했다. 친(親)이란 중국과 산수가 서로 이어지고 혈통이 비슷하며 같은 문화를 지닌 국가들에게 상대방의 감정을 중시하는 외교를 하겠다는 것이고, 성(誠)이란 주변 국가들의 대소와 강약, 빈부를 가리지 않고 평화공존 5원칙에 따라 성의를 다하는 외교를 하겠다는 개념이다. 혜(惠)란 주변 국가들과의 협력에는 상호이득이 되는 호혜호리(互惠互利)의 외교를 하겠다는 것이며, 용(容)이란 바다가 많은 강줄기의 물을 받아들이듯이 포용력이 있는 주변국 외교를 하겠다는 선언이었다. 시진핑은 실제로 2014년 7월 서울을 방문해서 박근혜 대통령과 정상회담을 하면서 이 친성혜용을 우리에 대한 기본 외교정책으로 삼을 것이라고 밝혔다.

중국경제의 규모가 일본경제의 규모를 추월한 것이 2010년 말이었다. 당시 일본과 중국의 GDP가 전 세계 GDP에서 차지하는 비중이 각각 10% 정도였다. 그러나 2013년 말 현재 중국의 GDP가 전 세계 GDP에서 차지하는 비중은 12.3%로 일본의 6.5%나 한국의 1.8%를 따돌리고 저만치 앞서 날리기 시작했다. 이런 추세라면 미국의 GDP가 전 세계 GDP에서 차지하는 비중 22.4%를 근접 추격하는 것도 먼 장래의 일이 아닐 듯싶다. 그러는 사이에 브라질과 러시아, 인도 등 BRICS 국가들이 우리를 앞질러 갔다.

2013년 말 중국의 국방비는 1884억 달러로 우리 국방비 339억 달러나 일본의 국방비 486억 달러는 이미 상대가 되지 않는 규모다. 아직은 미국 국방비 6402억 달러의 30% 수준에 지나지 않지만 과거와는 비교할 수 없는 거의 벽해상전(碧海桑田·푸른 바다가 뽕나무 밭으로 변함)의 변화가 현재진행형으로 이루어지고 있는 셈이다.

인류사에서 어떤 제국이 다시 영광을 재현한 선례가 있었던가? 멀리로는 로마제국이나 가까이로 19세기의 대영제국 역시 영광을 재현할 전망은 가까운 미래에는 없다고 보아야 상식적이다. 그러나 중국경제에 정통한 미국의 경제학자 배리 노턴(Barry Naughton)에 따르면 대청제국(大淸帝國)이 전 세계 인구의 3분의 1과 전 세계 GDP의 32% 정도를 차지하고 있던 것이 1812년이었다. 19세기 초 전 세계의 3분의 1을 차지하고 있던 중화제국의 꿈이 150년 만인 2050년 이전에 재현되리라는 것은 이제 먼 미래의 일이 아니다.

그런데도 우리는 아직도 우리의 바로 옆에서 재현되고 있는 중화제국 부활의 꿈의 크기와 차원을 제대로 측정하지 못하고 정확한 대처

방법을 찾아내지 못하고 있다. 태평양 건너의 미국은 이미 2011년 힐러리 클린턴 국무장관이 하와이 이스트 웨스트 센터 연설을 통해 미국의 태평양 세기(America's Pacific Century) 선언, 다시 말해 중국에 대한 본격적인 견제정책에 돌입한다는 선언을 한 상태다. 힐러리 장관은 "지난 20세기까지 우리 미국은 대서양 건너 유럽과 많은 일을 해 왔으나 앞으로 21세기에는 태평양 건너 동아시아 국가들과 많은 일을 하려고 한다."고 선언하고, "그런 정책 실현을 위해 우리는 일본, 한국, 필리핀, 태국, 호주 등 전통적인 5개 우방국들과 협력해나갈 것"이라고 밝혔다. 그러면서 중국에 대해서는 시장경제의 원칙과 인권존중의 원칙을 잘 준수하는지를 지켜볼 것이라고 밝혀 중국에 대한 본격적인 재균형(Rebalancing)정책이 앞으로 미국의 세계 전략이 될 것임을 선포한 셈이었다.

새로운 중국에 대한 이해와 대비 서두르자

우리가 무엇보다도 먼저 해야 할 일은 우리 바로 옆에서 재현되고 있는 중화제국 부활의 꿈의 크기와 차원을 제대로 측정하고 인식하는 일일 것이다. 과거 조선왕조로서는 천하의 중심을 자처하는 중화제국에 대한 대책으로 스스로를 소중화(小中華)로 자처하면서 퇴계와 율곡 등 대유학자(大儒學者)를 길러냄으로써 중화제국의 압력을 완화시키는 효과를 기대하기도 했다. 하지만 산업혁명으로 축적된 유럽과 미국의 국력이 중국과 일본을 통과해서 한반도에 도착했을 때 우리의 소중화 정책은 산산조각 깨어지고 말았다.

동아시아에서 가장 먼저 세상의 변화에 적응한 일본은 재빨리 유럽과 미국의 힘을 등에 업고 1894년 청제국과 전쟁에서 승리했다. 그 결과 1895년에 체결된 시모노세키 조약 제1조를 통해 청으로 하여금 조선이 완전무결한 자주독립국임을 인정하며 그동안 조선이 청에 대해 행해오던 각종 전례를 폐지한다는 선언을 하게 만들었다. 2000년 이상 중국에 대한 일체화 전략으로 독자성을 유지하던 한반도를 중국 대륙으로부터 떼어내는 데 성공한 셈이다. 일본은 다시 1905년에는 러시아와 한판 전쟁을 벌여 승리했고 그 결과로 포츠머스 조약 제2조를 통해 일본은 조선에 대해 정치, 군사, 경제적인 이익을 확보한다는 선언을 함으로써 일본이 한반도를 식민지로 확보하는 데에 대한 걸림돌을 모두 제거하는 데 성공했다. 그리고 국제사회의 묵인 아래 한반도를 식민지로 만들었다.

중화제국이 한반도에 대한 영향력을 상실한 것은 긴 역사를 통해 그때가 처음 있는 일이었다. 그러나 중화제국이 한반도에 대한 영향력을 상실한 기간은 오래 가지 않았다. 1950년 10월 25일 마오쩌둥의 중화인민공화국이 정부 수립 1년여 만에 항미원조(抗美援朝)라는 구호 아래 한국전쟁에 개입한 것은 긴 역사의 눈으로 보면 한반도에 대한 영향력을 다시 확보하는 계기가 된 것이다.

서울과 베이징의 거리는 현재 국제사회를 이루고 있는 어느 국가의 수도와 베이징의 거리보다도 가깝다. 비행기를 타면 불과 1시간 10여

분에 비행이 끝나기 때문에 기내식을 마치고 나면 곧바로 하강이 시작되는 정도이다. 그러나 중국에 대한 이해 정도로 보면 서울과 베이징의 거리는 도쿄와 베이징, 워싱턴과 베이징, 심지어는 파리와 베이징 간의 거리보다도 더 먼 것이 현실이다.

　우리의 선조들은 중화제국의 지근거리에 살면서 문자 언어 표현을 아예 한자로 하고, 중국에 대한 이해가 곧 생존의 길임을 체득하면서 살아왔다. 그러나 현재의 우리는 중국대륙에서 쓰이는 간체자(簡體字)에 대한 일반인의 이해나 보급조차도 시도하지 못하는 상황이다. 중국의 현황과 흐름에 관한 이해는 일본과 미국, 유럽으로부터 데이터를 가져다 쓰는 수준에 머물러 있다고 말하지 않을 수 없다. 이 책이 중국에 대한 우리의 이해를 키우는데 조금이나마 도움이 되었으면 하는 바람이다.

2014년 12월

북한산이 바라보이는 如山齋에서 박승준

Part 03 풍요사회의 빛과 그늘

패러다임 전환 기다리는
중국경제

지 난 1976년 1월 중국 동북지방 지린(吉林)성의 밤하늘에서는 수많은 별들이 쏟아져 내렸다. 어떤 운석은 1㎏이 넘는 것도 있었다. 하늘에서 별이 쏟아져 내리면 지상의 별들이 하늘로 올라간다 던가. 그해 초부터 저우언라이, 펑더화이 등 중국공산당의 별들이 세 상을 떠났다. 9월 9일에는 '중국의 붉은별'(Red star over China)이었 던 마오쩌둥이 사망했다.

마오는 세상을 떠나기 전에 화궈펑(華國鋒)이 자신의 후계자가 될 것임을 시사하는 말을 남겼다. "당신에게 일을 맡기면 내 마음이 편 안해…." 화궈펑은 마오가 떠난 뒤의 중국을 "두 개의 범시(兩個凡是) 로 이끌고 가겠다."고 선언했다. "마오 동지가 내린 결정과 지시는 무 엇이든 옳다"는 것이었다. 김일성 사망 이후에 김정일이 추진했던 유훈통치와 같은 것이었다. 그러나 화궈펑의 세상은 2년 남짓 만에 끝났다. 1978년 12월에 열린 중국공산당 제11기 중앙위원회 3차 전체회의(11기 3중전회)에서 실사구시가 당론으로 채택됐기 때문이다. 당 최고 지도자 화궈펑이 내린 결정이 뒤집히도록 만든 사람은 마오쩌둥에 의해 권력에서 밀려났다가 세 번째로 복귀한 덩샤오핑이었다. 덩샤오핑은 현실을 잘 관찰해서 현실에 맞는 정책을 펴나가는 것이 옳다는 뜻을 담은 실사구시가 당론으로 채택되도록 정치력을 발휘했다.

실사구시가 당론으로 채택된 것은 마오 세상의 종결을 의미한다. 중국에 사회주의 계획경제를 건설하겠다는 마오식 이상주의 정치의 종결이며, 실용주의를 바탕으로 하는 개혁개방 시대의 시작을 알리는 것이었다. 대세를 장악한 덩샤오핑은 농촌에서의 토지개혁과 함께 경제 체제의 개혁에 착수했다. "사회주의가 가난은 아니다." "사회주의도 시장경제를 실시할 수 있다." "시장경제가 자본주의의 전유물은 아니다." "사회주의 상품경제에서 사회주의 시장경제로 전환하라." 이런 말들로 경제체제의 개혁을 진행하면서 덩샤오핑은 인민들에게는 원바오(溫飽 · 등 따뜻하고 배부르게)와 판량판(翻兩番 · 1인당 국민소득을 20년 만에 2배의 2배 즉 4배로)을 약속했다.

후야오방, 자오쯔양, 장쩌민 세 사람의 당 총서기를 거치면서 중국 경제는 사회주의 계획경제에서 사회주의 상품경제를 거쳐 사회주의 시장경제로 전환되어왔다. 농민들로부터 불붙기 시작한 중국경제는 빠르게 타오르기 시작해서 연평균 경제성장률 10%가 넘는 스피드로 볼륨을 키워갔다. 중국경제는 2010년에는 일본을 제치고 미국에 이어 GDP규모로 세계 2위의 국가로 올라섰다. 1812년 청제국의 경제규모가 대체로 전 세계 GDP의 32% 정도를 차지하고 있던 것으로 추정된 이래 처음으로 중국경제가 세계경제에서 차지하는 비중이 8% 정도를 차지하는 괄목할 만한 규모를 갖게 됐다.

중국공산당은 이 대목에서 잠시 멈춰 서서 숨고르기에 들어갔다. 2010년 가을에 열린 중국공산당 제17기 중앙위원회 5차 전체회의(17기 5중전회)는 2011년 3월에 시작하는 제12차 경제개발 5개년 계획기간에는 경제성장률 수치를 이전의 10%이상 되던 기간이나, 원자바오 총리 시절 바오바(保八)라는 구호 아래 8% 성장을 추구하던 흐름에서 더 현실화해서 7.0~7.5% 정도씩만 성장하기로 결의했다. 중국공산당 중앙은 이 같은 목표 설정을 포용적 성장이라는 용어로 규정했다. 그때까지 양적 성장 목표를 숨 가쁘게 달성해왔으나, 이제부터는 질적 성장을 하면서 깊어진 소득 불균형, 빈부격차와 도농격차, 동서격차 등도 치유해가면서 좀 천천히 달려가기로 목표를 수정한 것이다.

중국경제는 정치가 끌고 가는 경제이다. 경제성장률 목표를 당이 수정하면 전 사회는 당이 설정한 경제목표 수치를 향해 달려가는 패턴을 보여주고 있다. 따라서 중국경제를 이해하는 데에는 중국공산당을 중심으로 한 중국 정치의 흐름을 잘 살피는 준비가 필요하다. 2012년 11월 전임자 후진타오로부터 당 총서기 자리와 함께 포용적 성장으로 궤도수정을 이미 한 경제를 물려받은 시진핑은 7%대의 성장이 중국이 반드시 거쳐야 할 과정이라는 뜻에서 미국의 투자분석가들이 말하던 뉴 노멀(New Normal)이라는 개념을 신창타이(新常態)라는 용어로 번역해서 도입했다. 미국을 비롯한 전 세계 산업화된 국가들이 2008년 10월에 시작된 미국발 금융위기 이래로 대체로 이전보다 성장률이 낮아진 단계에서 안정되려고 한다는 것을 뉴 노멀이라고 정리한 것이다. 시진핑은 14억 중국 인민들을 대상으로 이제 과거 10%이상의 성장률을 올리던 흐름에서 벗어나 7% 안팎의 상대적으로 낮은 경제성장을 목표로 궤도수정한 신창타이가 계속될 것이라고 강조하고 있다.

중국경제의 키워드는
신상태 新常態

양적인 발전에서 질적인 발전을 추구하는 단계로 진입

시진핑 중국공산당 총서기 겸 국가주석은 2014년 5월 허난성을 시찰하면서 이런 말을 했다. "우리의 (경제) 발전은 중요한 전략적 기회를 맞고 있습니다. 우리는 신심(信心)을 증강시켜 현재 우리 경제가 처해 있는 단계에서 출발해서 신상태(新常態)에 적응하기 위해 전략적으로 평상적인 마음의 상태(心態)를 유지할 필요가 있습니다. …전술적으로는 각종 위기에 고도의 주의력을 기울이고, 미리 미리 준비해서 적절한 대응조치를 취해야 할 것입니다." 시진핑 총서기는 7월 말에도 당외 인사들과 좌담회를 하면서 중국경제 발전의 단계적 특징을 정확히 파악하고 신심을 증강시켜서 신상태에 적응해야 한다는 연설을 했다.

신상태(新常態). 우리 말로 번역하면 새로운 균형쯤 될까. 상태(狀態)는 영어로 status로 번역할 수 있고, 상태(常態)는 normal condition으로 번역해야 할 것이다. 따라서 요즘 중국경제에 새로운 화두(話頭)로 등장한 신상태는 New Normal로 번역이 굳어지고 있는 중이다. 2014년 8월 5일 중국공산당 기관지 인민일보에는 '신상태 아래의 중국경제'라는 시리즈 논평이 실렸고, 논평은 상중하편으로 이어졌다. 인민일보가 시리즈 논평을 싣는 일은 드물며, 그만큼 상황이 중대하다는 점을 보여준 것이다.

"시진핑 총서기가 제시한 신상태에 대한 중대한 전략적 판단은, 중국경제가 발전하는 단계에서 새로운 변화가 일어나고 있다는 시사를 한 것이며, 동시에 당 중앙이 높은 전략적 안목에 따라 처변불경(處變不驚)의 결정능력을 갖고 있다는 점을 보여준 것이다. 신상태의 시각에서 보면 금년 상반기에 우리 경제는 중간 정도의 성적표를 받았는데, 우리는 여기에서 많은 사람들에게 위안이 되는 새로운 밝은 면을 발견할 줄 알아야 할 것이다. …"

그러면서 인민일보의 논평은 "현재 중국경제의 운용방침이 온중구진(穩中求進), 다시 말해 안정된 가운데 발전해 나간다는 것인데, 중국경제가 올해 상반기에 7.4%의 성장률을 기록한 것은 과거에 비해서 낮아진 수치이기는 하지만 다른 나라들과 비교한다면 세계에서 유례를 찾아볼 수 없는 일지독수(一支獨秀)격의 성장률이라는 점을 인식해야 한다."고 강조했다. 중국경제에서는 이와 함께 3차 산업의 비중이 2차 산업보다 높아지는 구조조정이 지속적으로 진행되고 있으며, 지방간 소득격차와 빈부격차가 줄어드는 변화가 진행중이라는 설명을 덧붙였다. 논평은 신상태는 중국경제가 고도의 발전 단계로 접어들고 있다는 신호이며, 신상태가 가져올 영향을 전체적으로 잘 보아야 하며, 적극적이고 과학적인 시각으로 신상태를 파악하고, 신상태에 적응해나가야 한다고 촉구했다.

중국 국가통계국은 2014년 10월 21일 3/4분기까지의 GDP성장률이 7.4%를 기록했다고 발표했다. 2/4분기까지의 성장률이 안정적으로 유지되고 있다는 것이었다. 그러면서 7.4%의 성장률이면 연초에 제시한 7.5% 성장 목표에 근접한 수치라고 강조했다. 이와 함께 3/4분기까지의 소비자 물가상승률이 2.1%라는 안정된 수치를 보이고 있고, 전국 도시지역 취업 인구가 3/4분기까지 1000만 명을 기록한 것 또한 당초의 목표치를 달성한 것이라고 설명했다.

중국 관영 중앙TV는 이와 관련 같은 날 오후 7시 중국 대륙 전역에 동시 방영되는 신원리엔보(新聞連播)를 통해 "중국경제는 현재 신상태로 진입해서 양적인 발전보다는 질적인 발전을 추구하는 방향으로 나아가고 있으며, 국민경제는 훨씬 건강한 변화를 보여주고 있다."고 강조했다.

중국경제가 신상태, 즉 New Normal의 상황에 진입했다는 말을 처음으로 한 사람은 미국의 글로벌 투자자문회사인 핌코(PIMCO)의 모하메드 엘 이리언이었다. 그는 산업화된 국가들의 New Normal 항해라는 강좌를 하면서 중국을 포함한 신흥 산업국들이 2008년 미국발 금융위기를 겪으면서 New Normal을 목표로 한 경제운용을 하게 됐다고 진단했다.

그는 "미국발 금융위기가 각국의 경제에 살을 살짝 베는 상처를 남겼는지, 뼈가 깎이는 깊은 상처를 남겼는지는 알 수 없지만, 미국발 금융위기에서 비롯된 각국 경제의 위축은 산업화된 국가들의 재정운용을 과거보다 낮아진 수준에서 새로운 평형을 이루는 쪽으로 잡게 만들었다."고 설명했다.

2008년 10월에 시작된 미국발 금융위기는 전 세계로 확산됐으나, 중국은 자본시장이 충분히 열려 있지 않아 가장 충격을 덜 받은 지역이었던 것으로 평가됐다. 그러나 중국공산당은 2년 뒤인 2010년 10월에 열린 제17기 중앙위원회 5차 전체회의(5중전회)에서 2011년부터 5년간의 경제성장의 목표를 포용적 성장(包容性增長·Inclusive Growth), 다시 말해 양적인 성장보다는 질적인 성장을 우선시하기로 결정했다.

이전에 10% 이상의 빠른 경제성장률을 과시하던 패턴을 수정해서 2011년 이후의 경제성장 목표를 7.0 ～ 7.5%로 다소 낮추어 잡기로 정책을 전환했다. 동시에 빈부격차와 지역격차 등을 해소하고, 수출보다는 내수에 중점을 두는 방향으로 경제운용 방식을 전환하기로 했다고 당시 5중전회 공보(公報)를 통해 분명히 했다.

중국경제가 과거에 보여주던 10% 이상의 성장이나, 시진핑의 전임자 후진타오 시절의 8%대의 성장률을 2011년 이후에는 기록하지 못하고 있는 이유는 2010년 가을의 17기 5중전회의 결정 때문이라고 보아야 할 것이다. 미국발 금융위기를 겪으면서 더 이상의 양적인 성장은 불가능하다고 판단하고, 그때부터 5년 정도 7%대의 성장을 하기로 목표를 수정한 때문이라고 보아야 할 것이다. 중국경제에 대한 판단은 앞으로 2016년까지 7%에 못 미치는 성장률을 기록한다면 그때부터 경착륙을 걱정해야 할 것이다. 물론 미국과 유럽의 많은 투자자문회사들이 중국경제에 대해 회색빛 전망을 내놓고 있지만, 만약 2015년에도 7%대의 성장률을 보여준다면 지나치게 비관적으로 볼 필요는 없을 것이다. 중국경제 성장의 스피드는 과거보다는 낮아졌지만 새로운 균형인 신상태에 도달한 상황에서 안정될 수도 있다는 예측이 가능하기 때문이다.

시진핑-리커창호
새 경제팀 출범

5∼10년간 중국 국가목표는 경제 중국

중국의 의회격인 전국인민대표대회(全人大)는 2013년 3월 16일 리커창(李克强) 총리가 제출한 국무원 인사안을 통과시켰다. 전인대는 이에 앞서 2012년 11월 중국공산당 총서기 겸 당중앙군사위원회 주석으로 선출돼 당권을 장악한 시진핑을 국가원수인 국가주석으로 선출하고, 리커창(李克强·58)을 행정부인 국무원을 지휘하는 총리로 선출했다. 이로써 중국은 제5세대 지도부인 시·리(習·李) 체제의 골격을 완성했다. 1949년 10월1일 수립된 중화인민공화국은 마오쩌둥을 제1세대 핵심으로, 덩샤오핑을 제2세대 핵심으로, 장쩌민과 후진타오를 각각 제3세대와 제4세대 핵심 지도자로 내세워 국가 운영을 해왔다.

새로 구성된 시·리 체제에서 경제에 관한 지휘 책임은 리커창 총리에게 맡겨졌다. 리커창 총리를 보좌할 4명의 부총리에는 장가오리(張高麗·67), 류옌둥(劉延東·68·여), 왕양(汪洋·58), 마카이(馬凱·67)가 선임됐다. 이 가운데 수석 부총리인 장가오리는 타이완 건너편의 푸젠성 출신으로, 샤먼(厦門)대학 경제학과에서 계획통계를 전공하고 20대 때부터 석유업계에서 잔뼈가 굵은 에너지 전문가다. 개혁개방의 1번지인 선전(深圳)경제특구 당서기, 광둥(廣東), 산둥(山東)성 성장과 톈진(天津)시 당서기를 거쳐 2013년 제18차 당대회에서 7인의 정치국 상무위원 가운데 한 사람으로 선출된데 이어 마침내 수석 부총리 자리에 올랐다. 장쩌민과 후진타오 전 국가주석 모두로부터 능력을 인정받은 것으로 전해지며, 공공사업을 활발하게 추진함으로써 톈진시의 경제에 활기를 불어넣은 점에서 점수를 땄다고 한다.

2013년 2월 25일 열린 박근혜 대통령 취임식 때 중국 특사로 서울에 왔던 류옌둥 부총리는 사회 통합을 책임지는 통일전선 업무를 주로 담당하는 것으로 관측된다. 왕양 부총리는 후진타오 전 국가주석, 리커창 총리와 같은 고향인 안후이(安徽)성 출신으로, 가난해서 고교 진학도 못하고 식품 공장 노동자로 시작해, 당간부 교육 기관인 당교(黨校)에서 정치이론을 공부함으로써 대학과정을 마치고, 38세 때 안후이성 부성장에 오른 다음 중국과기대(科技大)에 진학해 공학석사를 획득한 입지전적 인물이다. 국가발전계획위원회 부주임을 거쳐 50세에 인구 3000만의 충칭시 당서기, 52세에 광둥성 당서기를 역임하고 이번에 부총리로 발탁됐다. 후진타오와 마찬가지로 공산주의청년단(共青團) 활동을 통해 정치적 기반을 마련했으며, 2012년 당대회 때 정치국 상무위원에 오를 것으로 예상됐으나 상무위원의 수가 9명에서 7명으로 줄어들면서 탈락했다.

왕양 부총리는 광둥성 당서기 시절 더욱 빠른 경제발전을 지속적으로 추진하는 이른바 '광둥모델'을 확립해 능력을 인정받은 것으로 중국 안팎에 널리 알려졌다. 그의 부총리 기용은 중국경제가 앞으로도 지속적으로 빠른 경제 발전을 추구할 것이라는 의미로 해석된다. 왕양은 58세라는 나이 때문에 4년 후 2017년 제19차 당대회 때는 정치국 상무위원 진입이 확실시되고 있다.

마카이 부총리는 중국의 경제수도 상하이(上海) 출신으로 인민대학 정치경제학과에서 경제학 석사를 딴 경제계획 전문가다. 수도 베이징 시 물가국 국장, 국가발전개혁위원회 주임, 국무위원을 거쳐 이번에 부총리로 선임됐다. 거시경제와 경제발전 계획을 담당할 것으로 전해진다. 인구의 노령화에 따라 노동비용 상승이 빨라지고 있는 중국 경제에서 개혁의 속도를 어떻게 설정할 것인가, 민영기업과 국유기업의 비율을 어떻게 조정해 나갈 것인가 하는 커다란 문제들이 그의 앞에 놓이게 됐다.

4명의 부총리와 함께 리커창 총리를 보좌할 5명의 국무위원으로는 양징(楊晶·60·몽고족), 창완취안(常萬全·64), 양제츠(楊潔·63), 궈성쿤(郭聲琨·59), 왕융(王勇·58)이 임명됐다. 이 가운데 양징 국무위원은 몽고족으로 소수민족 통합 문제를 담당할 전망이다. 육군 상장인 창완취안은 국방부장 겸 국무위원, 양제츠 전 외교부장에게는 외교 담당 국무위원 역할이 각각 맡겨졌다.

신임 공안부장 겸 국무위원이 된 궈성쿤은 베이징과기대학에서 경영관리학 박사를 획득한 교수 출신으로, 야금과 유색금속(비철금속) 업계에서 성장해 중국알미늄공사 사장 출신의 특이한 커리어를 가진 공안부장이다. 국유기업감독위원회 주석과 중국 알미늄주식회사 회장을 거쳐 광시(廣西)장족자치구 당서기를 맡고 있다가 이번에 그의 경력과는 달리 공안부장(장관) 겸 국무위원으로 발탁됐다. 경제에 밝은 공안부장을 임명해서 외국에 악명이 높은 공안부의 대외 이미지를 개선하는 개혁 작업을 할 것으로 예상된다. 새 얼굴의 국무위원 왕융은 하얼빈공대 공학석사 출신으로, 항공우주 개발사업 분야에서 일하다가 국유자산 감독관리위원회 주임을 거쳐 국무위원으로 발탁됐다.

국무원의 장관급 인사 가운데 신임 국가발전개혁위원회 주임에 발탁된 쉬사오스(徐紹史·62)는 원자바오 전 총리와 마찬가지로 대학에서 지질학을 전공하고 광물자원 개발 분야에서 성장한 인물로 원자바오 총리 밑에서 국토자원부 부장(장관)을 지내다가 이번에 경제개혁을 총괄하는 국가발전개혁위원회 주임으로 발탁됐다. 그의 경력으로 보아 원자바오 전 총리가 그를 지속적인 경제개혁 임무를 맡도록 강력히 추천한 것으로 관측된다. 후임 국토자원부 부장에는 장다밍(姜大明·60) 전 산둥성 성장이 임명됐다. 장다밍 부장은 산둥성장 시절 한국에 많은 지인을 갖게 된 인물이다.

　이번 국무원 장관급 인선에서 가장 파격적인 선택은 저우샤오촨(周小川·65) 인민은행장의 유임이다. 저우샤오촨은 지난 2002년부터 10년 동안 인민은행장을 맡아왔기 때문에, 장관급의 임기는 5년 임기를 한번 중임할 수 있게 한다는 중국 당과 정부의 인사 원칙을 처음으로 깼다는 점에서 주목된다. 그는 2012년 11월의 당대회에서 당 중앙위원 명단에서 빠짐으로써 인민은행장의 교체가 확실시되는 것으로 예상됐다. 그러나 이번에 "사고가 명석하고, 해외에 지명도가 높으며, 개혁 의식이 뚜렷하다"는 평가를 받아 유임된 것으로 전해진다. 별명이 '미스터 런민비'로 해외에서 통하는 인물인 저우샤오촨의 중앙은행장 유임은 리커창 총리가 중국 통화정책의 계속성을 대외적으로 과시하기 위해 선택한 카드로 분석된다.

　저우샤오촨 인민은행장의 유임, 왕양 부총리의 발탁, 국가발전개혁위원회의 상징적 인물 마카이의 부총리 발탁, 경제를 잘 아는 궈성쿤 공안부장의 선택 등은 시진핑·리커창의 제5세대 지도부가 앞으로 달려가려는 방향이 '변함없고, 지속적이면서도 빠른 경제발전'임을 말해준다. 새로 등장한 인물들의 면면이 대부분 경제를 잘 이해하는 인물들로, 이들을 요직에 배치한 것은 앞으로 5~10년 동안의 국가 목표가 '경제중국'인 것으로 확인됐음을 말해준다고 하겠다.

중국경제화두는
찰실개국 扎实开局
중국공산당, 5년간 전면적인 소강사회 건설 목표

중국공산당과 정부는 지난 2012년 12월 15일과 16일 이틀 동안 당정군(黨政軍)의 최고 책임자들이 모두 모인 가운데 시진핑 시대 최초의 중앙경제공작회의를 개최했다. 영어로는 'Central Economic Work Conference'라고 부르는 중앙경제공작회의는 1년에 한 차례, 대체로 연말에 개최돼 국내외 경제 형세에 대한 당과 정부의 판단과 새로운 해의 정책 기조를 전달하는 중요한 기능을 한다. 지난 2012년 11월 8일 개최된 중국공산당 제18차 당대회에서 시진핑 당총서기가 선출된 이래 처음 개최된 이 회의에는 2013년 3월초까지로 임기가 두 달 가량 남아있던 원자바오 총리와 후임 총리로 내정된 리커창 현 부총리와 장더장(張德江), 위정성(俞正聲), 류윈산(劉云山), 왕치산(王岐山), 장가오리(張高麗) 등 7인의 정치국 상무위원 전원과 25명의 정치국원 전원, 정부 각료와 군부, 법원, 금융기관 최고 책임자들이 빠짐없이 참석했다. 참석자들은 지난 한 달 동안 진행해온 현장 조사를 바탕으로 당과 정부가 내린 정책 판단과 각 부문이 담당해야 할 기본 임무를 전달받았다. 시진핑 신임 당총서기는 이 회의에 참석해 다음과 같은 내용을 핵심으로 하는 기조연설을 했다.

"우리 경제는 여전히 다시 얻기 힘든 기회와 유리한 조건을 갖추고 있다. 경제사회의 발전 추세는 장기적으로 양호한 국면을 보여주고 있고, 국내 시장의 잠재력은 거대하며, 생산력의 기초는 탄탄하다. 과학기술 분야의 창조력은 강화되고 있고, 인력자원은 풍부하며, 사회주의 시장경제 체제의 정비는 부단히 이뤄지고 있다. …"

시진핑은 2013년 중국경제의 화두를 '온중구진 찰실개국(穩中求進, 扎实开局)'이라고 정리했다. '안정속의 성장, 사실에 바탕을 둔 새로운 시작'이라는 의미다. 이 가운데 '온중구진'은 후진타오 전임 당총서기가 주재한 2011년 중앙경제공작회의에서 채택된 화두로, 지난 30여년 동안 추진된 양적 성장을 질적 성장으로 바꾸기 위해 쾌속성장을 하면서도 안정을 추구하자는 뜻이었다. '찰실개국'은 2013년이 시진핑 시대가 맞는 첫해이므로 '사실에 바탕을 둔 새로운 출발을 하자'는 뜻으로, 시진핑은 최근 광둥(廣東)성을 둘러보면서 넥타이를 매지 않은 와이셔츠 차림으로 회의를 주재해 눈길을 끌었다. 참석자들도 모두 넥타이를 매지 않고 참석해 노타이 차림이 시진핑의 뜻이 사전에 전달된 결과라는 점을 보여주었다. 이와 관련, 중국공산당 기관지 인민일보는 지난 2012년 12월 17일자 중앙경제공작회의 관련 사설에서 "앞으로는 수분(水分·중국어로 '과장'의 뜻)없는 경제성장을 할 것"이라고 써서 관심을 끌었다.

시진핑 시대가 시작된 후 처음으로 열린 이 중앙경제공작회의는 대부분 차기 총리 내정자 리커창의 주재 아래 진행됐으며, 시진핑이 기조연설을 했다. 회의에서 제시된 2013년 중국경제의 여섯 가지 목표는 다음과 같다. 첫째, 경제의 지속적이고 건강한 발전을 추구한다. 둘째, 농업의 기초를 보다 충실히 하고, 농산품을 안정적으로 공급한다. 셋째, 산업구조 조정을 가속화하는 한편 산업 전반의 소질을 제고한다. 넷째, 급격히 진행되는 도시화가 양적 팽창보다는 질적 개선이 이뤄지도록 한다. 다섯째, 민생 보호를 강화하고 최저 생활수준을 제고한다. 여섯째, 경제체제를 철저하게 개혁하고 개방을 확대한다. 2013년에도 세계경제가 복잡한 국면을 보이고, 각종 변수가 많아질 것으로 예상되지만, 중국경제는 여전히 중요한 전략적 발전 기회를 맞고 있다는 종합적인 판단 아래 2013년 중국경제의 우선순위를 지속 성장, 농업기반 확보, 산업구조 조정, 질적인 도시화, 민생 보호, 개혁·개방 확대에 두겠다는 것이었다.

2012년 11월초 개최된 중국공산당 제18차 당대회는 앞으로 5년간 중국공산당이 추구할 전략적 목표는 '전면적인 소강(小康) 사회의 건설'임을 분명히 했다. '소강사회'란 중산층의 폭이 두터워져 내부의 갈등이 적은 사회를 의미하며, 개혁개방의 설계사로 추앙받는 덩샤오핑이 1980년 제시한 말이다. 시진핑은 처음으로 주재한 중앙경제공작회의에서 후진타오가 제시한 "전면적인 소강사회의 건설"이 시진핑 시대에도 여전히 적용될 전략적 목표임을 분명히 했다.

그러나 시진핑 시대에는 이른바 '승전계후'(承前啓後)의 정신에 따라 후진타오 시대 중국경제의 전략적 목표를 승계하면서도 "다만 발전 속도는 후진타오 시대보다는 다소 가속화하겠다."는 시진핑 지도부의 희망을 이번 중앙경제공작회의를 통해 내비치기도 했다. 회의가 폐막한 다음 날인 2012년 12월 17일 발표된 당기관지 인민일보의 사설은 "복잡한 형세와 곤란한 도전에 직면해 안정적인 성장을 보다 중요한 위치에 놓을 것"이라고 의미 설명을 함으로써 앞으로 시진핑이 이끄는 중국공산당이 중국경제의 기조를 후진타오 시대의 흐름을 계승하되 성장보다 분배에 무게를 두었던 흐름을 다소 바꾸어 분배도 중시하지만 성장에 무게를 더 두는 전략을 구사할 것이라는 점을 확실히 했다.

시진핑을 핵심으로 하는 중국공산당 새 지도부는 2012년 12월 4일 정치국 확대회의를 열어 전국의 당간부들에게 "각종 회의를 간소화 하라."는 지시를 내렸다. 우선 회의 시간을 줄이고, 발언할 때에는 가능한 요점만 말하고, 공허한 말이나 상투적인 발언은 하지 말 것이며, 보고서도 가능한 한 요점 정리 형식으로 작성하라고 강조했다.

당 간부들이 지방 시찰을 갈 때에도 가능한 한 동행 인원수를 줄이고, 차량 대수도 줄이며, 불필요한 플래카드나 꽃장식도 하지 말 것이며, 각종 기념활동도 줄이라고 했다. 시진핑 당총서기는 그런 자신의 의지를 분명히 보여주기 위해 각종 회의에 넥타이를 매지 않고 참석하는가 하면, 군 병영 시찰 때는 병사들과 나린히 줄을 서서 식판에 음식을 자신이 담아 병사들과 함께 자연스럽게 이야기 하면서 식사를 하는 모습을 관영 TV를 통해 내외에 과시하기도 했다.

그러나 시진핑이 그런 평민적인 모습을 보여주고 싶어하는 이면에는, 소득불균형을 나타내는 지니계수가 이미 0.61에 이르렀다는 중국 관영 언론의 보도와, 하루 500건이 넘게 발생하는 군체(群體)사건(집단시위)의 발생건수가 자리 잡고 있다.

지니계수가 0.5를 넘어선 사회는 폭동으로 붕괴될 위험이 있는 사회라는 진단이 유효한 가운데, 지난 34년간 빠른 속도로 숨 가쁘게 발전해온 중국경제가 이미 병목에 이르지 않았는가 하는 진단도 가능한 상황이다. 시진핑 시대가 그런 어려움을 극복하고, 시진핑 새 당총서기가 추구하는, 말 그대로의 안정적 성장과 현실에 바탕을 둔 새로운 출발이 순조롭게 이뤄지기를 기대해본다.

시진핑시대
중국경제의 사령탑

공산당 지도부 혁명세대 자녀들로 구성

지난 2012년 가을에 개최된 중국공산당 전당대회에서 새로운 최고지도자인 당 총서기로 내정됐던 시진핑 국가부주석이 실종 15일 만에 공개석상으로 돌아옴으로써 중국은 정상적인 리더십 교체를 완성했다. 중국공산당 간부 재교육 학교인 당교(黨校) 교장이기도 한 시진핑 부주석은 2012년 9월 1일 가을학기 개학에 관한 연설을 한 이후 공식석상에 나타나지 않았다. 9월 4일에는 힐러리 클린턴 미 국무장관을 비롯한 외국 정상들과의 면담 약속을 줄줄이 펑크내 국제 사회의 주목을 받았다. 그러다가 9월 15일 전국 과학의 날 기념행사에 아무 일도 없다는 듯 나타나 건재를 과시했다.

그가 15일간의 부재 기간 동안 건강에 문제가 생겨 병원에 입원해 있었는지, 당대회를 둘러싼 내부 권력투쟁 때문에 공개석상에 나타나지 못했는지는 알려지지 않았다. 어쨌든 그의 부재는 어떤 형태로든 중국의 앞날에 영향을 미치게 될 것이다. 중국 국영 중앙TV가 이미 중국공산당 제18차 전국대표대회(全大)의 개막을 알리는 '희영(喜迎) 18차 당대회'라는 시리즈 프로그램과 이 대회에 참석할 3000명 안팎의 대표들의 면면을 소개하는 프로그램을 내보내기 시작, 당대회는 그 해 연말까지는 열릴 것으로 보아도 무방할 것으로 판단됐다.

중국은 중국공산당에게 국가를 이끄는 정당이라는 특수한 지위를 헌법전문을 통해 보장해 놓았다. 중국의 정치와 경제의 큰 방향은 중국공산당이 결정하며, 특히 5년마다 한 차례씩 전국에서 3000명 안팎의 당 대표들이 모여 개최하는 전당대회나, 매년 한 차례씩 300명 안팎의 중앙위원들이 모여 개최하는 중앙위원회 전체회의의 공보(公報)를 통해 발표된다. 전당대회가 개최되면 정치와 경제의 최고사령탑이 현재의 후진타오·원자바오 체제에서 시진핑·리커창 체제로 바뀐다는 점만은 분명하다.

시·리 체제에서 큰 역할을 할 것으로 예상된 또 한 사람의 인물은 2008년 베이징 올림픽을 흑자로 이끈 베이징올림픽 조직위원장 겸 베이징 시장 출신의 왕치산(王岐山) 부총리였다. 그는 전국인민대표대회 위원장, 국가부주석, 경제담당 부총리 등의 자리에 오를 것으로 예상됐으나, 정치국 상무위원 겸 중앙기율검사위원회 서기로 선출돼 시진핑의 부패척결 작업을 지원하고 있다.

중국 정치와 경제의 미래를 결정할 새로운 트로이카의 정점에 있는 시진핑은 그의 아버지가 개혁개방의 총설계사 덩샤오핑에게 개혁개방 정책을 채택하도록 영향력을 발휘한 시중쉰(習仲勳) 전 경제담당 부총리라는 점에서 시진핑의 시대에 개혁개방 정책과 빠른 경제발전 드라이브의 지속을 예상해도 좋을 것으로 관측됐다. 시진핑은 덩샤오핑이 추진한 연해지방 우선 발전 전략의 최대 수혜지역인 푸젠성과 저장성, 상하이시에서 당서기로 리더십 훈련을 받았다는 점도 앞으로 시진핑이 이끄는 중국 앞날의 큰 그림의 구도가 친개혁개방의 지속으로 그려질 것이라는 전망을 뒷받침해준다고 하겠다.

그러나 실물경제를 총지휘할 총리 내정자인 리커창이 후진타오 전 국가주석 겸 당총서기가 기른 인물이라는 점에서, 또 후진타오가 경제적으로는 개혁개방 정책의 지속을 유지하기는 했으나 성장보다는 분배에 관심이 많은 편이었고, 이데올로기적으로는 덩샤오핑의 선부론(先富論)보다는 마오쩌둥의 공부론(共富論) 쪽으로 기울어진 인물이었다는 점에서 후진타오 키드인 리커창의 경제 지휘봉이 가리키는 곳이 분배 중시 쪽이 될 가능성이 많을 것으로 전망해볼 수 있다.

리커창은 더구나 농업의 중심지인 허난(河南)성과 효율이 낮은 국영기업들이 집결돼 있는 랴오닝성에서 리더십 수업을 받으면서 중국의 농업과 국영기업의 문제점 해결에 관한 공부를 집중적으로 한 것으로 알려졌다. 그런 점에서 시진핑과 리커창의 정책은 서로 밀고 당기는 길항(拮抗)작용을 할 것으로도 전망된다.

새 시진핑 체제에서 삼각형 밑변의 또 하나의 꼭짓점 역할을 맡은 왕치산 부총리는 그의 장인 야오이린(姚依林) 전 부총리가 키워온 인물이라는 점에 주목해야 할 것이다. 야오이린 부총리는 1979년부터 1994년까지 15년간 부총리를 맡아 중국경제를 요리했던 인물이다. 야오이린은 덩샤오핑 시대에 덩샤오핑에게 최대의 반대자 역할을 했던 보수파 경제이론가 천윈(陳雲) 직계의 인물이었다는 점에서 그의 사위인 왕치산에게 어떤 영향을 미쳤는지를 관찰해야 할 것이다. 중국인들에게 장인과 사위의 관계는 우리의 경우보다 독립적이기는 하지만 왕치산의 경우 야오이린이 멘토 역할을 했기 때문에 일반적인 장인과 사위의 관계보다는 큰 영향을 미쳤을 가능성이 크다.

만약 시진핑과 리커창, 왕치산 세 사람의 새로운 트로이카가 중대한 경제정책을 놓고 갈등을 보일 경우 시진핑과 리커창·왕치산이 1대 2의 비율로 역학구조가 짜일 수도 있을 것으로 전망해볼 수 있다. 선부론과 공부론의 정책이 대립할 경우 시진핑의 뜻과는 달리 리커창, 왕치산이 담합해서 공부론 쪽으로 결론을 낼 수 있다. 다시 말해 분배 우선의 정책이 채택될 수도 있을 것이다.

2012년 가을에 탄생한 중국의 새로운 리더십 7인의 중국공산당 정치국 상무위원들 프로필의 공통점은 중국공산당 지도부 사상 처음으로 혁명에 직접 참여하지 않은 세대, 혁명에 가담한 세대의 자녀들로 구성되는 지도부라는 특징을 갖고 있다. 시진핑이나 리커창이 전임자들에 비해 다소 카리스마가 떨어지는 이유도 혁명에 가담해서 파란만장

한 일생을 살아오지 않은 탓으로 진단해볼 수 있다. 1949년 10월 1일 중화인민공화국이 수립된 이래 중국을 이끌어온 역대 리더십의 면면이 마오쩌둥·저우언라이, 덩샤오핑·천원, 장쩌민·리펑-주룽지 팀이었다는 점과 비교해보면 칭화대학 법학박사 출신의 시진핑과 베이징대학 경제학박사 출신의 명문대학 출신 고학력 팀이라는 점에서 앞으로 중국의 정치와 경제의 앞날은 흥미 있는 관찰 대상이 될 전망이다.

마오시대에 중국의 경제 정책은 1840년 아편전쟁으로 시작된 서구 열강의 중국 침탈의 결과 연해지방이 먼서 산업화가 이루어진 사실을 수정하기 위해 내륙 우선의 발전 정책을 추진했다. 마오의 경제정책이 완전 실패로 판명된 뒤에 최고 권력을 잡은 덩샤오핑은 1978년부터 중국을 개혁개방으로 이끌면서 연해지역의 발전을 우선하는 국가목표를 설정하고 달려왔다.

지난 30여년간 빠른 경제발전이 진행되는 동안 2008년 미국에서 시작된 국제적인 경제위기가 유럽으로 번지자 그동안 수출주도형으로 짜놓은 중국경제의 틀을 이제 다시 내수 위주로 짜보려는 시도가 앞으로 이뤄질 가능성이 높다고도 하겠다. 중국이 앞으로 선부론보다는 공부론을 우선하는 국가로 성격이 바뀌어갈지, 연해지역의 발전을 우선하는 정책에서 내륙 발전을 우선하는 정책의 흐름을 보일지에 대해 우리 정부도 면밀한 관찰을 지속적으로 해나가야 할 것이다.

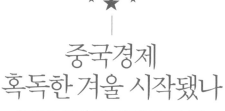

중국경제
혹독한 겨울 시작됐나

2012년도 2분기 GDP 성장률 7.6%로 추락
7월 수출증가율도 1%에 그쳐

중국경제가 지금 어떤 상태인지를 읽기가 어려워졌다. 국내의 한 유력 경제신문은 사설을 통해 중국경제가 무기력증에 빠졌다고 진단했다. 2012년 7월 경기지표가 수출이나 내수, 산업생산 등이 모두 뒷걸음질치고 있고, 이 가운데 수출은 7월 증가율이 1%에 그쳐 2009년 11월 이후 가장 낮았으며, 산업생산과 소매판매 증가율도 각각 9.2%와 13.1%로 전문가들의 예상치에 크게 못 미쳤다는 점을 근거로 들었다. 고정자산 투자 증가율도 20.4%로 6월에 비해 조금도 늘지 않았고, 수도 베이징의 유명 백화점들은 50~70% 세일에 들어갔지만 상점마다 재고로 몸살을 앓고 있다는 말이 과장이 아닐 정도라고 했다. 거기에다가 중국 정부가 경기부양을 위한 다각적인 처방을 실시했는데도 효과가 나타나지 않고 있다고 진단했다.

또 다른 유력 경제신문은 중국경제에 관해 정반대의 메시지를 전달하고 있다. 2012년 8월 24일로 한·중 수교 20주년 기념일을 앞두고 중국 진출 한국 기업인들을 대상으로 설문조사를 실시한 결과 "10명 가운데 7명이 앞으로도 중국에서 투자를 더 늘리겠다."는 뜻을 밝혔다는 것이다. 이 설문조사에는 베이징, 상하이, 광저우, 칭다오 등 한국 기업 진출이 활발한 8개 도시에서 한국 기업인 321명이 참여했다고 소개했다. 이들 한국 기업인은 중국 사업 전망에 대해 응답자의 71.5%가 '잘 될 것'이라고 답했으며, 11.5%만이 '잘 안 될 것'이라고 전망했다는 것이다.

중국경제의 현주소에 대해서는 중국 내부에서도 보는 눈이 서로 크게 다른 흐름이 나타나고 있다. 중국의 내부 사정에 대해 정확한 정보를 제공하는 것으로 평가되는 홍콩의 중국어 시사주간지 〈아주주간(亞洲週刊)〉은 2012년 8월 "중국경제의 겨울이 시작됐느냐를 놓고 남북 양파로 갈려 설전이 벌어지고 있다."고 전했다. 여기서 말하는 남북이란 베이징과 상하이에서 활동하는 경제전문가들이 보는 중국경제의 현주소가 서로 크게 달라졌다는 뜻이다. "베이징에서는 결코 비관을 하고 있지 않고(不悲觀), 상하이에서는 결코 낙관을 하고 있지 않다(不樂觀)."는 것이다.

중국학자들이 중국경제를 보는 시각이 크게 나뉘고 있는 것은 중국경제 곳곳에 켜진 빨간불을 어떻게 보느냐를 놓고 서로 견해가 갈리기 때문이다. 빨간불은 국가통계국이 2분기 국내총생산(GDP) 성장률이 7.6%를 기록했다고 발표한 데서부터 커지기 시작했다. 중국의 GDP 성장률은 2011년 4분기 8.9%, 2012년 1분기 8.1%를 각각 기록하다 2 분기 들어 처음으로 8% 이하로 떨어진 것으로 발표됐다. 2012년 상반 기 전체 대외무역거래액 증가율은 8%로, 전년도 같은 기간의 25.8% 에 비해 무려 17.8%포인트나 낮아졌다. 6월 소비자물가(CPI) 상승률 은 2.2%로 29개월 만에 최저치를 기록했고, 공업생산자가격(PPI) 상 승률도 2.1%로 낮아졌다. '세계의 공장'으로 불리는 대표적인 제조업 수출기지인 광둥성 둥관(東莞)시의 그 해 1분기 GDP 성장률도 최근 들어 가장 낮은 1.3%를 기록했다. 저장(浙江)성 인민대표대회가 파악 해본 결과 중국경제의 주요한 동력 가운데 하나인 원저우(溫州)시의 3998개 기업 가운데 140개 기업이 이미 생산을 중단했으며, 둥관 기 업들이 받아놓은 생산 주문도 지난해의 3분의 1 수준으로 떨어졌다.

이처럼 중국경제 곳곳에 빨간불이 켜지기는 했지만 세계은행 부행 장의 임기를 마치고 최근 귀국한 린이푸(林毅夫)는 "중국경제가 경착 륙을 하는 일은 결코 없을 것이며 최근 20년간 보여준 것과 같은 고속 성장을 계속할 수 있을 것"이라는 견해를 밝혔다. 중국 국가정보센터 전문가위원회 가오후이칭(高輝淸) 위원도 〈아주주간〉과의 인터뷰에 서 "올해 경제성장 목표가 7.5%로 지난해에 비해 0.5%포인트나 낮게 책정된 사실을 이해해야 한다."면서 2012년의 경제정책 목표가 '온중 구진'으로 제시된 점을 결코 잊지 말아야 한다고 강조했다. 중국 상무부 국제무역경제협력연구원 메이신위(梅新育) 연구원도 2분기 경제성장률이 7.6%로 다소 낮아졌지만, 곧 추세를 회복해서 연말까지는 전체 8%의 GDP 성장률을 회복할 수 있을 것으로 전망했다.

베이징의 관변 경제학자와 전문가들이 애써 낙관론을 펴고 있지만 중국 최초의 민간은행이라 평가할 수 있는 초상(招商)은행 본점 금융시장부 고급분석사 류둥량(劉東亮)은 "국가통계국이 발표한 2분기 경제성장률 7.6%는 지난 2008년 미국발 금융위기 이후 가장 낮은 수치를 보여준 것으로, 2012년 6월에 발표된 각종 수치를 분석해보면 하반기에 중국경제가 반등할 공간은 별로 없다."는 견해를 〈아주주간〉에 밝혔다. 중국 남부의 광둥성 사회과학원 핫머니 전문가 리여우환(黎友煥)도 2012년 6월말에 이미 중국 산업 각 부문에서 위축되는 현상이 나타나고 있다는 보고서를 내놓았다.

1978년 이후 30여년간 계속된 빠른 경제발전과 이에 따른 사회변화의 결과 중국 내에서 정부 관변의 시각과 다른 시각을 발표하는 경제전문가들이 많이 생겨났다. 놀라운 것은 정부를 대표하는 원자바오 총리도 중국경제가 직면한 어려움을 솔직히 털어놓았다는 점이다. 그는 2012년 8월 14일과 15일 저장성 항저우와 후저우, 자싱(嘉興) 등지의 경제상황을 시찰하면서 다음과 같이 말했다.

"현재 우리 경제의 기본은 괜찮다. 경제가 평온하면서도 비교적 빠른 발전을 할 수 있는 적지 않은 조건을 구비하고 있다. 우리가 이와 동시에 분명하게 깨달아야 하는 것은, 우리 경제의 기초가 아직도 단단하지 못하고, 각종 곤란이 한동안 지속될 것이라는 점이다. 상황이 어려울수록 중요한 것은 믿음을 갖는 것이다. 각급 지도자들은 신심을 가져야 하고, 기업들도 믿음을 가져야 하며, 우리 사회 전반에서도 믿음을 가져야 한다."

원자바오의 말은 그의 평소 언급에 비추어보면 중국경제에 각종 문제가 생긴 게 거의 분명하다는 메시지를 담고 있다고 해석해도 무방한 정도라 할 수 있다. 후진타오 국가주석 겸 중국공산당 총서기도 당면한 경제 형세와 경제공작을 분석하는 정치국 회의를 주재했다. 중국 최고지도자들이 부산하게 경제 형세를 분석하는 회의를 소집하고, 총리는 총리대로 지방 현지의 경제시찰을 부산하게 다니는 것을 보면 중국경제의 기본 흐름에 다소 문제가 생긴 게 분명하다는 진단을 하는 것이 맞을 것이다.

문제는 우리 정부다. 우리 경제의 중국경제에 대한 의존도가 지나치게 높은 만큼 중국경제가 본격적인 병이 아니라 그 예후를 보일 때부터 우리 경제를 보호할 대책을 마련해야 한다는 점이다. 중국의 보통 사람들이 즐겨하는 "한 나라의 운명은 30년이면 바뀔 수 있고, 한 사람의 운명은 10년이면 바뀔 수 있다."는 말은 잘 곱씹어 볼 필요가 있다. 30년간 계속 되어온 중국경제에 환절기가 다가온 것이 아닐까 하는 조짐이 곳곳에 보이고 있는 것이 2012년 중국경제의 기상도였다.

바오바 保八와
중국경제의 앞날

중국 임금 수준 루이스 터닝 포인트 지나

중국 국가통계국이 2012년 2분기 경제성장률 7.6%를 발표하자 온 세계가 떠들썩해졌다. 2008년 미국발 금융위기가 세계경제에 충격을 준 이래, 최근 들어 유럽 유로권의 경제위기에다, 위축된 상태에서 깨어나지 못하는 일본경제, 어디를 둘러보아도 어둡기만 한 글로벌 경제 분위기였다. 그나마 유일하게 밝은 빛을 던져주던 중국경제도 마침내 역대 최저의 경제성장률이라도 기록한 것처럼 지구촌 사람들이 불안한 눈빛으로 중국을 바라보게 된 것이다. 그러면서 "중국경제가 마침내 바오바(保八·경제성장률 8% 고수)에 실패했다."고 놀라움을 나타냈다.

그러나 막상 당사자인 중국은 차분한 분위기였다. 성라이윈(盛來運)

중국 국가통계국 대변인은 같은해 7월 13일 이런 성명을 발표했다.

"올해 상반기 중국경제는 복잡하고 엄중한 국내외 경제형세 아래에서도 당 중앙과 국무원이 온중구진의 공작 기조 아래, 평온하면서도 비교적 빠른 경제발전과 경제 구조조정, 그리고 통화팽창 관리 등 세 가지 임무를 정확히 처리했다. 그러면서 평온하면서도 빠른 성장을 가장 중요한 위치에 놓고 적극적인 재정 정책과 온건한 화폐 정책을 실시했으며, 미세한 정책 조정에 힘을 기울이고 국민경제의 운행을 총체적으로 평온하게 유지함으로써 경제 발전에 온중유진(穩中有進)을 이루었다고 할 수 있다."

'온중구진'은 2012년 3월 5일 원자바오 총리가 전국인민대표대회 개막 때 정부공작보고를 하면서 표제어로 내건 새해 중국경제 운용의 기본 방침이다. 경제의 안정을 유지하면서도 발전을 추구하겠다는 뜻으로 내건 화두였다. 원자바오는 이때 새해 경제성장 목표를 7.5%라고 제시했다. 이 기준에 맞추면 2분기 경제성장률 7.6%, 1분기 성장률 8.1%, 이 두 수치를 평균한 전반기 성장률 7.8%는 오히려 원자바오가 내세운 목표를 향해 근접해가고 있는 수치로 보는 편이 맞다.

중국은 1978년 개혁개방의 총 설계사 덩샤오핑이 빠른 경제발전에 불을 붙인 이래 여러 차례 낮은 경제성장률을 기록한 사실이 있다. 중국국가통계국 데이터베이스에 따르면 중국경제는 1979년 7.6%, 1981년 5.2%, 1989년 4.1%, 1990년 3.8%, 1999년 7.1% 등 여러 차례 2012년 2분기의 7.6%보다 낮은 연평균 경제성장률을 기록했다.

중국 경제성장률은 2004년 이래 계속해서 10% 이상 두 자릿수의 성장률을 기록해오다 미국발 경제위기가 시작된 2008년 9%, 2009년 8.7%, 2010년 10.3%, 2011년 9.2%의 수치를 보였다. '바오바'는 2010년 초 원자바오 총리가 3월의 전국인민대표대회에 나와 제시한 화두로, 최소한 8% 이상의 경제성장률을 유지하자는 말이었다.

중국은 1978년 최고실력자 덩샤오핑이 개혁개방 정책을 선언함으로써 빠른 경제발전을 보여주기 시작하면서 GDP(Gross Domestic Product : 국내총생산)란 영어 이니셜 세 글자에 목을 매고 살아왔다. 10%가 넘는 두 자리 숫자의 경제성장률은 중국공산당 간부들이 각 지방에서 높은 GDP 성장률을 올려야 출세를 기대할 수 있다는 생각으로, GDP 지상주의에 빠져 허덕이며 살아왔다고 할 수 있다. 지방의 각 성(省)에 파견된 중국공산당 간부들은 너도 나도 GDP 확대 지향의 삶을 살아왔다고 해도 과언이 아니다. 당원수 8000만명, 중앙위원 370명 정도의 중국공산당 간부들의 출세길을 보장해주는 것은 오로지 자신이 맡은 지방 행정단위의 GDP를 급격히 성장시키는 것이었다.

중국공산당은 그러나 지난 2010년 가을 개최된 제17기 중앙위원회 5차 전체회의를 통해 중국이 앞으로는 GDP 성장률 지상주의에서 벗어나야 한다는 결의를 했다. 당시 중국공산당 중앙위원회는 지난 30년 동안 빠른 경제발전을 해온 결과 빈부격차가 커지고, 도농(都農) 격차에다 연안지방과 내륙지방의 동서격차까지 나타나자 2011년 3월 시작되는 제12차 경제개발 5개년 계획 기간의 경제정책 기조로 '포용적 성장'(包容性 增長)이란 말을 만들어 선포했다. 그때까지 해오던 경제의 양적 팽창을 질적인 성장으로 방향을 틀고, 연평균 성장률 목표를 7% 정도로 낮추며, 사회정의를 구현하고, 수출 주도형 중국경제를 내수 확대 위주로 전환한다는 결정을 내렸다. 관영 영자지 차이나 데일리(China Daily)는 GDP가 그동안 'Gross Domestic Poverty(가난)'의 확대를 빚어 왔으며, 동시에 'Gross Domestic Pollution(환경오염)'을 확대 조장해온 잘못도 만들어 왔다고 지적했다.

1978년 시작된 개혁개방 정책의 결과 이루어진 중국경제의 높은 성장률은 11년 만인 1989년 발생한 베이징 톈안먼 광장의 시민 학생 100만명의 반부패 민주화 시위 여파로, 그해 말에 4.1%, 그 다음해에도 3.8%의 낮은 경제성장률을 기록했다. 반부패 민주화 시위를 진압하는 과정에서 리펑 총리, 야오이린 부총리 등 보수파 거두 천원의 지지자들은 "높은 경제성장률은 사회주의의 틀을 무너뜨릴 수 있으므로 8% 이하의 완만한 경제성장의 길을 선택해야 한다."고 주장해 중국경제 엔진의 온도를 다소 낮추도록 분위기를 조성했다. 개혁개방의 총설계사 덩샤오핑은 중국의 정치와 경제 분위기가 그렇게 돌아가자 개혁개방 정책의 지속성에 위기가 온 것을 감지하고, 93세의 고령임에도 불구하고 개혁개방의 혜택을 가장 많이 받은 상하이, 선전, 광저우 등 남부의 도시들을 순회하면서 "무엇을 두려워하느냐, 기회를 잡았을 때 더 빠른 경제발전을 이룩해야 한다."고 촉구하는 연설을 했다. 이 사건이 바로 중국공산당이 중요한 역사로 기록한 '남순강화'(南巡講

話)라는 사건이었다. 덩샤오핑의 이런 노력에 따라 중국경제는 1992년 14.2%, 1993년 13.5%, 1994년 12.6%를 각각 기록하면서 고성장의 시대로 다시 들어선 것이었다.

다시 말해 중국이 2012년 들어 두 자리 숫자 이하의 다소 낮은 성장률을 보여준 것은 중국공산당의 결의에 따른, 다소 의도적인 정책 운용에 따라 나타난 결과라고 보아야 할 것이다. 중국에게 경제성장률은 곧 이데올로기이며, 경세싱장률을 낮게 설정하느냐, 높게 설정하느냐는 중국 권력 엘리트들의 이데올로기 성향에 따라 달라질 것이다. 따라서 중국경제를 관찰하는 시각은 오히려 GDP보다는 중국이 얼마나 연구개발(R&D)에 투자해 중국 고유의 산업기술을 확보하느냐 하는 점과 임금수준의 변화라고 할 수 있을 것이다.

중국 고유의 산업기술 확보는 현재 '루이스 터닝 포인트'(Lewisian turning point : 잉여인력이 없어 노동임금이 급증하는 시기)를 지나 더 이상 값싼 노동력을 공급받기 어렵게 된 중국의 지속적인 경제발전을 가능하게 할 중요한 요인이 될 것이다. 급상승 중인 중국 노동자들의 임금 수준이 앞으로 중국이 지속 발전을 할지 아니면 후발효과를 베트남 등 동남아 이웃 국가들에게 넘겨주고 말 것인지 판가름할 중요한 요인이다.

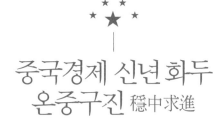

중국경제 신년 화두
온중구진 穩中求進

개혁개방은 심화시키고 민생 개선 진전에 총력전 전개

중국은 2012년 경제의 화두를 '온중구진'(穩中求進·안정속의 전진)이라고 내걸었다. 후진타오를 핵심으로 하는 중국공산당과 원자바오 총리를 중심으로 하는 국무원을 비롯한 당정군(黨政軍) 수뇌부는 2011년 12월 12일부터 14일까지 중앙경제공작회의를 개최하고, 2012년 중국 경제의 기조를 온중구진이라고 정리했다.

중앙경제공작회의는 당정군 수뇌부가 모두 참석한 가운데 1년에 한 차례씩 개최하는 회의로, 중국경제의 흐름에 가장 중요한 영향을 미치는 회의로 평가된다. 어느 해보다도 늦게 개최돼 "중국경제의 형세가 워낙 복잡하기 때문"이라는 관측을 낳은 당시 회의에는 후진타오, 원자바오를 비롯한 현 중국공산당 정치국 상무위원 9명 모두가 참석했고, 2012년 가을에 새로 탄생할 새로운 당 지도부 정치국 상무위원단 후보들도 모두 참석했다.

후진타오로서는 그 해 중앙경제공작회의가 당 총서기로서는 마지막으로 참석하는 회의였다. 2012년 말에 열릴 중앙경제공작회의는 10월에 새로 중국공산당 전당대회에서 당 총서기로 선출될 예정이었던 시진핑 정치국 상무위원 겸 국가부주석이 주관했다. 후진타오는 2013년 3월에 열리는 전국인민대표대회에서 국가주석직도 시진핑에게 넘겨주었고, 원자바오 총리 역시 2013년 3월 총리직을 리커창 당 정치국 상무위원 겸 국무원 총리에게 넘겨주었다. 이 중앙경제공작회의에 참석한 새로운 지도부 후보들 가운데에는 류윈산, 류옌둥, 리위안차오, 왕양, 장가오리, 장더장, 위정성, 보시라이, 멍젠주 등의 인물들이 모습을 보였다. 이 회의에는 량광례 국방부장을 비롯한 군부 지도자들로 자리를 잡고 회의 내용을 경청했다.

2012년 가을에 교체된 신·구 지도부가 모두 참석한 가운데 결정된 '온중구진'이란 화두에서 '온(穩)'이란 거시경제 정책의 기조를 '안정'으로 잡고, 전체적인 안정 기조 위에서 경제성장률은 비교적 빠른 속도로 유지하고, 물가 안정과 사회의 전반적인 안정을 추구한다는 말이었다. 또 '진(進)'이란 중국이 현재 경제발전에 유리한 기회를 계속해서 맞고 있다는 전략적 판단 위에서, 경제발전 방식을 양적인 성장에서 질적인 성장으로 전환하는 진전을 이루어야 하며, 개혁개방을 심화시키는 면에서 새로운 돌파구를 열어야 하고, 민생의 개선에서도 새로운 진전을 이루어야 한다는 뜻이다. 경제 전반의 기조를 온(穩)으로 잡으면서도, 성장 방식의 전환에서 진(進)을 이루겠다는 다짐을 '온중구진'(穩中求進)이라는 네 글자로 정리한 것이다.

중앙경제공작회의는 전체의 화두를 '온중구진'이라고 정리하면서, 2012년 경제활동의 다섯 가지 주요임무를 정리해 중앙뿐 아니라 각 성을 비롯한 지방 행정조직에도 내려보냈다. 회의에서 정리된 다섯 가지의 기본 임무는 첫째 안정 기조의 경제성장, 둘째 농산물 공급 능력의 확보, 셋째 경제 구조 조정의 가속화, 넷째 대외 개방 수준의 제고, 다섯째 민생의 개선 등이었다.

2012년 경제활동 다섯 가지 주요 임무

- 안정기조의 경제성장
- 농산물 공급 능력의 확대
- 경제구조 조정의 가속화
- 대외 개방 수준의 제고
- 민생의 개선

중앙경제공작회의가 제시한 '온중구진'이라는 화두에 대해 중국 내 경제전문가들은 "국내외적으로 복잡한 경제 형세 아래에서도 안정된 경제발전 속도를 유지하기 위해 노력한다는 것이 온(穩)이고, 경제 구조의 조정과 개혁의 심화에서는 진전을 이루어 보다 많은 사람들에게 경제발전의 혜택이 돌아가도록 한다는 것이 바로 진(進)이다."(국가 발전개혁위원회 왕이밍), "대외 수출의 수요를 우리가 좌우하기 어려운 환경 아래에서 앞으로 중국의 경제발전은 국내 수요를 충족하기 위해 노력하는 한편, 경제의 구조조정을 가속화해 민생의 개선을 중시하는 방향으로 나아가야 하는 것이 앞으로 중국경제의 기조가 되어야 할 것"(국무원 참사실 연구원 야오징위안), "중국 경제발전 속도의 증가율이 이미 떨어지기 시작한 마당에 증가율 하락이 지나치게 빠른 속도로 이루어져 취업률에 영향을 미치지 않도록 해야 하는 것이 온(穩)의 의미일 것"(국가정보센터 경제예측부 부주임 주바오량)이라는 등의 해석을 내놓았다.

중국경제는 2010년 10월 중국공산당이 제17기 중앙위원회 5차 전체회의를 열어 1978년 이래 30여년간 계속해온 양적인 성장 위주의 성장 방식을 질적인 성장으로 전환하는 이른바 '포용적 성장'을 추구하기로 결의한 이래 경제성장률과 수출입 증가율, 외자(FDI) 도입액 증가율 등이 모두 떨어지고 있는 추세를 보이고 있다. 경제성장률은 2011년 1분기 9.7%에서 3분기에 9.1%로 낮아졌고, 2011년 1월부터 10월까지의 수출증가율은 22%를 기록해 2010년과 비슷한 추세를 보였으나, 이는 달러로 계산한 수치이며, 중국 인민폐(RMB) 기준으로 환산하면 6% 증가에 그친 것으로 계산돼 수출증가율은 현저히 떨어진 것으로 진단됐다.

중국에 대한 외국인 직접투자 규모도 11월에 87억 6000만 달러를 기록해 전년 같은 기간에 비해 9.8% 하락하면서 28개월 이래 처음으로 마이너스 성장을 기록했다. 이와 관련, 중국 상무부 선단양 대변인은 "중국 제조업의 외자 이용액의 지속적인 하락 추세가 전체 FDI 규모 하락의 주요 원인"이라고 지적했으며, 1월부터 11월까지 중국 제조업에 대한 FDI는 모두 473억 달러로, 이미 3개월 연속 마이너스 성장세를 이어가고 있던 중이었다. 다만 2011년 내내 5~6%대를 기록하던 소비자물가지수(CPI) 상승률만 11월 들어서 4.2%를 기록, 연중 최고치에 비해 2.3%포인트 낮아져 안정화되는 추세를 보여주었다.

중국경제를 이끄는 기관차의 속도가 떨어지고 있는 이유가, 2010년 중국공산당이 의도적으로 양적인 성장을 질적인 성장으로 바꾸겠다고 선언한 데서 비롯된 의도적인 감속 때문인지, 아니면 2008년 이후 미국과 유럽 경제가 흔들리면서 이들 지역에 대한 수출을 경제발전의 주동력으로 삼고 있는 중국경제라는 기관차의 동력이 떨어지고 있는 때문인지는 좀 더 두고 봐야 할 것이다. 중앙경제공작회의가 2012년 중국경제의 화두로 '온중구진'을 내건 것도 크게 보아서는 중국공산당과 정부가 의도적으로 감속을 하겠다는 의도와 맞아떨어지는 화두라는 평가를 해볼 수 있을 것이다.

그러나 1978년 개혁개방 정책을 시작한 이래 33년 동안 추구해오던 빠른 발전에 익숙해 있는 중국경제의 각 부문 조직들이 온중구진이라는 화두에 따라 브레이크를 밟는 과정에서 예측할 수 없는 내외 변수와 부딪쳐 지나치게 빠른 감속이 이루어질 가능성도 배제할 수 없

는 상황이다. 따라서 2012년 내내 중국경제에 대한 지속적인 관찰이
필요한 상황이었다. 더구나 2012년은 이전 10년간 중국경제를 끌어온
후진타오-원자바오 팀이 시진핑을 중심으로 하는 새로운 지도부로
교체되는 시점이어서 더욱 세심한 관찰이 필요한 1년이 되었다.

WTO 가입 10년과
중국경제의 앞날

경제발전 상징도시 원저우에선 돈줄 말라 기업 줄도산
중국경제 내리막길 전조인가

중국은 2011년 12월로 WTO(세계무역기구) 가입 10년을 맞았다. 2001년 11일 10일 카타르 도하 회의에서 중국의 가입이 확정 됐다고 발표되자, 많은 베이징 시민들은 천안문 광장에 모여 '루스'(入世)를 환호했다. 그로부터 10년, 중국경제는 GDP규모로 일본을 추월 해서 세계 2위의 자리에 올라섰다. 세계은행 통계에 따르면, 2010년 말 현재 중국의 GDP는 전 세계 GDP의 8% 남짓 되는 부분을 차지하고 있다. 1인당 GDP는 전 세계 100위권 바깥에 있지만 볼륨만은 14억 인구에 걸맞게 커졌다.

2010년 4월에 세상을 떠난 영국의 세계경제 권위자 앵거스 매디슨이 추정한 수치에 따르면, 중국의 GDP는 청나라 후반이던 1820년에 전 세계 GDP의 32%가량을 차지하고 있었다. 당시 인구는 약 4억 3700만으로, 전 세계 인구의 4분의 1 정도였다. 1인당 GDP도 전 세계 평균의 90% 수준이었다고 하니 당시의 중국은 명실공히 세계의 중심 국가요, 부자나라였음이 틀림없다. 그러던 것이 20년 뒤 1840년에 시작된 아편전쟁에서 영국에게 패배하면서부터 중국경제는 빠른 속도로 내리막길을 걸어 1913년에는 중국의 GDP가 전 세계 GDP에서 차지하는 비중이 9% 정도로 줄어들었다. 1인당 GDP도 세계 GDP평균의 40% 정도밖에 안되는 가난한 나라로 전락한 것이다.

마오쩌둥이 중심이 된 중국의 공산주의자들은 그런 상황의 중국에서 1921년 중국공산당을 창당했고, 국민당과의 내전에서 승리해 1949년 10월 1일 중화인민공화국 정부 수립을 선포했다. 그러면서 이전의 중국은 '구(舊)중국'이라고 규정하고, 자신들이 세운 중화인민공화국이 '신(新)중국'이라고 선포했다.

그러나 마오의 중국은 사회주의 계획경제의 길을 걸은 결과, 초기에는 소련의 지원으로 어느 정도 중공업 건설을 할 수 있었지만, 경제와 이데올로기를 혼동한 대약진 운동과, 실제로는 권력투쟁인 문화혁명을 겪으면서 침체에 빠졌다. 1976년 마오가 사망할 당시 중국의 GDP는 전 세계 GDP의 1%에도 못 미치는 규모의 절대 빈국으로 추락했다.

2011년 현재 중국 GDP가 전 세계 GDP의 8% 수준에 이르게 된 것은 마오가 주자파(走資派·자본주의 추종자)라고 박해하던 덩샤오핑이 중심이 되어 1978년부터 추진한 개혁과 개방 정책의 덕분이다. 지난 33년간 기울인 노력의 결과인 것이다. 하지만 그때까지 1913년의 9% 수준도 회복하지 못하고 있었다.

덩샤오핑이 중국경제를 건설하면서 채택한 방식은 과거 한국의 박정희 대통령이 걸었던 '정치는 권위적, 경제는 개방적'이라는 방식이었다. 덩샤오핑도 정치의 민주화는 허용하지 않으면서 경제발전은 대외개방을 바탕으로 지속적으로 추진하는, 이른바 '신(新)권위주의'라는 길을 걸었다.

그 결과 정치의 민주화 없는 경제의 발전이라는 오늘의 중국 모습이 갖추어졌다. 따라서 언론의 자유가 없는 가운데 추진된 중국의 경제발전은 항상 좋고 잘된 뉴스만 보도되고, 일체의 정치적 비판이 허용되지 않는 가운데, 중국경제의 어려움을 외부에서 헤아리기가 무척 어려운 상황에서 추진돼왔다.

지난 36년 동안 중국경제가 어렵다는 보도는 그래서 찾아보기가 어려웠다. 그런 가운데 2011년 10월 3일과 4일 원자바오 중국 총리가 빠른 중국 경제발전의 상징 도시인 원저우를 찾아가 현장 지도를 했다. 온 세계의 눈과 귀가 "중국경제에 뭔가 적신호가 켜진 게 아니냐."며 신경을 곤두세우고 있었다.

중국 관영 미디어들이 전하는 것만으로도 2011년 4월부터 90여 명의 원저우 기업인들이 빌려 쓴 민간 고리채를 못 갚고 사업이 망하는 바람에 야반도주를 했고, 9월 들어서만도 20여 명의 원저우 기업인들이 도망갔다고 한다. 이뿐만 아니라 자살한 기업인도 상당수에 이른다는 보도가 이어졌다. 원자바오 총리는 원저우에 현장지도를 가면서 중국 중앙은행인 인민은행 저우샤오촨 행장과 은행감독원(은행업감독관리위원회) 류밍캉 주석도 함께 대동했다. 원자바오 총리는 현장에서 원저우시 간부와 은행 관계자들을 모아놓고 "현재의 민간 신용대출 위기를 1개월 이내에 해결하라."고 시한을 설정한 다음, "원저우시의 재정지원으로 해결하는 방안과 은행들이 융자를 해주는 방안을 검토하고, 원저우를 '종합 금융개혁 실험지역'으로 선포하는 방안을 연구하라."고 지시했다.

원저우 상인들의 별명은 '중국의 유태인'이다. 원래 경제적 기반이 없는 원저우를 1회용 라이터 사업에서 시작해서, 전 세계 인구의 3분의 1이 신는 신발을 만드는 '세계의 신발 공장'으로 키운 사람들이다. 거기서 번 돈으로 중국 전역을 삼삼오오 그룹을 지어 다니면서 아파트와 오피스 빌딩을 가리지 않고 모험적인 대담한 투자를 했다. 그래서 중국 내에서는 "집값이 오르는 건 원저우 사람들 때문"이라는 말이 생겼을 정도다.

중국 관영 미디어들은 "원저우의 민간 부채위기를 중국경제 전체의 흐름과 연결시키는 것은 무리"라는 보도를 했다. 원저우 기업인들이 맞고 있는 위기는 중국경제의 산업구조 변화와 관련이 있으며, 원저우의 대표 산업이던 1회용 라이터 공장의 경우 1990년대 말 3000여 개에 이르던 공장수가 당시 100개 정도밖에 남아 있지 않았으며, 2003

년 4000여 개에 이르던 각종 신발 제조 공장도 이미 1000여 개 공장이 문을 닫았다는 것이다. 한마디로 원저우에 돈줄이 마를 정도의 환경이 이미 조성된 가운데 원저우 상인들이 빚을 내서 부동산 투자에 열을 올리다가 어려움에 처하게 됐디는 깃이다.

중국 정부가 원저우 상인들의 위기를 어떻게 처리할 것인지는 당시 커다란 관심사였다. 30년 중국 경제발전 과정에서 처음 들리는 불길한 소식인, 원저우 상인들의 민간 고리채 위기가 현지 은행의 대출금과 어떤, 그리고 어느 정도의 연결고리가 있는지도 관심거리였다. 그러나 원저우의 민간 고리채 현상이 과연 원저우시 한 지역에만 국한된 문제인지, 중국내 대부분 도시들의 수출산업 업자들에게도 일반화된 현상인지는 보다 깊은 조사를 거쳐야 할 일이었다. 다만 원저우에서 발생한 민간 신용대출 위기가 중국공산당과 정부가 2010년 9월 포용적 성장을 선포한 가운데 빚어진 사태라는 점에도 유의할 필요가 있다.

후진타오-원자바오 체제는 덩샤오핑이 지난 1978년 경제발전에 나서면서 2020년까지 덩치를 계속 키워나가야 중국이 중진국 정도의 수준에 이를 것이라고 한 전망을 소홀히 하는 입장을 취했다. 그리고 중국의 GDP가 세계 GDP에서 차지하는 비중이 1820년대의 규모는 커녕, 1913년의 규모에도 이르지 못한 상황에서 "양적인 팽창보다 질적인 성장"을 추구하겠다고 선언했다. 이들의 선택이 이후 어떻게 귀결되는지 전 세계가 주의 깊게 지켜봐야 할 것이다. 후-원 체제가 2012년 말 시진핑-리커창 체제로 바통을 넘겨주는 과정이 부드럽게 이어지기는 했으나, 경제 발전 지속 여부는 앞으로도 관찰 대상이라고 하겠다.

그런 가운데 원자바오 총리는 2011년 10월 14일 광둥성 광저우시에서 열린 상품교역회 개막식에 참석해서 "세계무역기구 가입 10주년을 앞둔 중국은 앞으로도 영원히 세계로 통하는 문을 열어둘 것"이라고 강조했다. 이날 중국 정부는 9월 한 달 동안의 소비자물가 상승률이 8월에 이어 6%를 상회하는 수준을 기록했고, GDP 성장률은 전년보다 다소 떨어진 9%선을 기록할 것이라고 발표했다. 그런 가운데 중국내 자동차 판매량 그래프도 정점을 지나 내리막 추세를 그렸다. 질적 성장을 위한 거시조절의 결과인지, 중국경제 위축의 전조인지는 좀 더 두고 봐야 할 상황이었다.

중국경제 분배 등
질적 성장 추구로 대전환

원자바오 이어 리커창이 경제 조타수 맡아

지난 2011년 3월 14일 폐막한 전국인민대표대회(전인대)에서 중국경제는 이후 5년간의 연평균 성장률 목표를 7%로 결정했다. 2011년 한 해 동안의 목표는 8%. 2010년 3월 초에 열린 전인대에서 원자바오 총리는 8%의 성장률 목표를 제시했으나, 각 지방의 당 서기와 성장(省長)들이 열심히 뛴 결과 10.3%라는 목표 초과 달성 수치를 얻었다.

그런 흐름으로 본다면 2011년 말 중국경제는 9~10% 성장률을 올릴 것으로 예상됐다. 이후 5년간 성장률도 목표는 7%지만 실제 중국 지도부가 바라는 수치는 8~10%선이었다. 중국경제는 구조상 매년 8% 이상 성장해야 700만 명에게 새로운 일자리를 줄 수 있고, 그래야 실업률이 더 이상 높아지지 않는다. 5년간 평균 성장목표로 제시된 7%라는 수치는 경제적인 목표라기보다 "양적 확대보다 빈부격차의 해소 등 질적인 개선을 하겠다."는 정치적인 의미가 담긴 것이었다.

전인대 이후 나타날 중국경제의 큰 흐름 변화는 성장률 목표 수치가 아니라, 중국호의 조타수가 원자바오 총리에서 서서히 리커창 부총리로 바뀌게 된다는 점이었다. 이런 흐름의 정권교체 약속은 2010년 9월 15일부터 18일까지 열린 중국공산당 제17기 중앙위원회 5차 전체회의에서 이미 결정된 것이다. 만약 당시의 약속이 지켜지지 않는다면 중국 정치는 비정상적인 소용돌이 속으로 빠져들게 될 판이었다.

당시 회의에서 시진핑 국가부주석을 당 중앙군사위원회 부주석으로 선출했다. 그것은 바로 2012년 가을에 열릴 중국공산당 제18차 전당대회에서 당의 지휘권이 후진타오에서 시진핑으로 넘어갈 것이라고 예고한 것이다. 이에 따라 행정수반인 총리직은 2013년 3월초 전인대를 통해 원자바오의 후임으로 리커창을 선출한다는 정치스케줄이 확정됐음을 뜻하는 것이었다.

따라서 중국경제는 2011년 3월부터 시작되는 제12차 5개년 계획의 집행 총지휘자로 원자바오의 지도 아래 리커창이 서서히 전면에 나서는 흐름을 보여주게 되었다. 1942년생으로 베이징 지질학원에서 지질구조를 전공한 공학도 출신으로 지난 2003년부터 중국경제의 지휘탑을 맡아온 원자바오의 시대는 접히고, 중국 최고의 명문 베이징대학 경제학 박사 출신의 리커창이 지휘하는 시대가 열린 것이다. 다시 말해 외교와 국방은 시진핑이, 경제는 리커창이 책임지고 운영하는 시(習)-리(李) 시대로 접어든 것이다.

여기에 한 가지의 변수는 왕치산이라는 예상들이었다. 각각 1953년과 1955년생이 시-리보다 5년 정도 연상인 왕치산은 베이징시 시장 출신으로, 2008년 베이징 올림픽의 재정을 총괄해서 흑자 올림픽으로 만든 주인공이다. 그 공으로 국무원 부총리로 승진한 다음 2008년 10월부터 시작된 미국발 글로벌 금융위기의 극복을 맡아 국제적인 주목을 받은 인물이다. 중국공산당 혁명의 고향 옌안 출신으로 대학 전공은 역사학이었지만 입당 후 농촌경제에 대한 공부로 시작해서 중국인민건설은행 행장, 건설은행 행장, 중국경제 개혁개방의 출발지 광둥성 당서기를 거쳐 2003년에 수도 베이징시 시장으로 발탁되었다. 2008년 베이징 올림픽을 성공적으로 치름으로써 그 능력을 확고히 인정받아 중국 안팎의 주목을 받게 됐다.

2010년 9월 중순 열린 중국공산당 중앙위 전체회의의 결정에 따르면 이후 후진타오-원자바오 체제로부터 바통을 넘겨받을 새로운 리더십은 시진핑-리커창-왕치산의 트로이카의 손으로 넘어갈 예정이었다. 중국경제의 지휘봉은 리커창이 쥔 가운데 리커창과 왕치산이 서로 협의하는 형태가 되는 것이다. 시진핑은 국가주석 겸 중국공산당 총서기, 리커창은 총리, 왕치산은 우리의 감사원장에 해당하는 당 기율검사위원회 서기를 맡았다.

지휘탑이 원자바오에서 리커창으로 바뀐 중국경제는 어떤 밑바닥

흐름의 변화를 보이게 될까. 그 변화를 미리 짚어보는 데 중요한 것은 중국 정치와 8%라는 중국 경제성장률의 상관관계를 따져보는 일이다. 1978년 중국공산당 제11기 중앙위원회 3차 전체회의를 통해 정치권력을 장악하고 본격적인 경제개혁에 나선 덩샤오핑을 중심으로 한 개혁파들의 경제성장률에 대한 견해는 무엇을 두려워하느냐, 경제성장은 빠르면 빠를수록 좋다는 것이었다.

그러나 이른바 덩샤오핑을 중심으로 한 개혁파들의 그런 경제성장에 대한 견해에 반대하는 천원과 리펑을 비롯한 보수파들은 경제성장이 지나치게 빠르면 사회주의의 기초가 붕괴된다면서 당시 10% 이상의 성장률에 브레이크를 걸고, 성장률을 8% 정도로 유지해야 한다고 주장했다. 이 다툼에서 덩샤오핑이 최종 승리함으로써 중국경제는 그동안 10% 넘는 빠른 성장의 길을 쉴 새 없이 달려왔다.

그러나 의심할 바 없는 개혁 지지론자인 덩샤오핑의 후임자 장쩌민 전 국가주석과 주룽지 총리 체제가 2002년 현 후진타오-원자바오 체제로 바뀌면서 정치적으로는 좌파에 속하는 후진타오 국가주석 겸 당 총서기는 그동안 끊임없이 개혁의 속도에 브레이크를 걸고, 성장률을 다소 낮추고 사회주의 이념과 사회주의적 요소를 보강해야 한다는 주장을 당내 회의를 통해 강조해왔다.

2010년 9월 중순에 열린 중국공산당 제17기 5중전회에서 채택된 '포용적 성장'이란 개념은 바로 성장보다는 분배에 역점을 두어야 한다는 후진타오 총서기의 정치적 신념이 채택된 결과이다. 이에 따라 이후 5년간 경제성장률을 7%로 묶는 결정도 내려진 것이다. 물론 중국 경제가 그동안 빠른 성장 일변도로 달려오는 과정에서 빈부격차의 악화로 0.5에 육박하는 지니(GINI)계수를 갖게 된 점은 양적 성장에서 질적 성장으로 전환할 때가 됐다는 신호이기도 했다.

그러나 중국 개혁개방의 '총설계사'인 덩샤오핑의 생각은 "적어도 2020년까지는 뒤도 돌아보지 말고 달려가라."는 것이었으며, 2012년을 기점으로 성장률을 8%로 하는 안정책을 취하기로 한 결정은 그런 덩샤오핑의 유훈을 어기고 다소 빨리 안정책을 택한 셈이었다.

앞으로 중국경제의 조타수가 될 리커창을 발탁한 사람이 후진타오임을 감안할 때, 리커창도 초기에는 분배를 중시하는 흐름에 따를 것으로 관측됐다. 하지만 시진핑이 자신을 선택해준 확고한 개혁파 장쩌민의 가르침에 따라 빠른 성장 쪽으로 분위기를 잡아야 할 형편이었다. 2012년 이후 중국경제의 흐름은 시진핑이 보다 빠른 성장의 분위기를 잡아주는 가운데 리커창 총리는 안정을 추구하는 보완책을 실무 쪽에서 집행하는 형태가 되고 있다.

2011년 3월 전인대가 진행되는 동안 발생한 일본의 대지진이 중국경제에 미칠 영향에 대해 중국 관영매체들은 "단기적으로 일본으로부터 생산부품을 도입하는 데 차질이 생겨 수출에 영향을 미치게 될 것"이라고 내다봤다. 2010년 전체 GDP 규모 2위의 자리를 중국에게 넘겨주고 3위로 밀려난 일본경제는 이 대지진으로 중국과의 경쟁에서 더욱 불리한 요소를 안게 됐다.

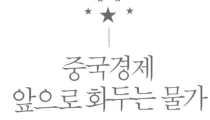

중국경제
앞으로 화두는 물가

농산물 가격 빠르게 상승, 重中之重은 물가감독과 안정

천안함 폭침 사건과 연평도가 포격 당하는 난리를 겪으면서 많은 한국 국민들이 수없이 되뇌인 말은 "과연 중국은 우리에게 무엇인가?"라는 것이었다. 러시아조차도 북한이 연평도를 포격한 사실을 분명히 밝히면서 비난하고 나섰지만, 전 세계에서 유일하게 중국만은 북한의 연평도 포격을 조한교화(朝韓交火: 조선과 한국의 상호 포격)라고 말하면서 얄미운 중립의 동굴에 들어가 앉는 바람에 우리 국민들로부터 큰 미움을 샀다.

1992년 수교한 이래 그 속을 잘 알 것만 같던 중국인들의 얼굴은 갑자기 저만치 떨어져 있는 낯선 얼굴처럼 느껴졌고, 그런 분위기는 외교통상부 산하 외교안보연구원 내에 한국 정부기관으로서는 처음으로

'중국연구센터'가 발족되는 '소 잃고 외양간 고치기'로 이어졌다.

수교 18년 만에 탄생한 우리 정부 내 첫 중국연구센터 발족식 때 나온 정종욱 전 주중한국대사는 센터 발족 특별강연을 하면서 이런 말을 했다. "그렇다 하더라도 한국과 중국 관계의 펀더멘털은 튼튼하다고 할 수 있습니다. 우리는 중국을 보다 더 크고 멀리, 그리고 깊이 볼 필요가 있습니다. 한중 경제교역은 2010년 1600억 달러에서 2025년에는 2000억 달러, 2035년에는 3000억 달러에 이를 전망입니다. 중국은 이미 한국에 제1의 무역 상대국이며, 한국은 중국에 제3의 무역상대국입니다." 한국과 중국은 정치적으로는 어떨지 몰라도 경제적으로는 이미 서로 한쪽 다리를 상대방에게 묶고 뛰는 2인 3각 경기를 하고 있는 중이라는 말이었다.

생각해보면 한국이 중국과 수교한 이후 18년 동안 우리가 잊고 살아온 단어가 하나 있었다면 그것은 물가 비상이라는 말일 것이다. 물가 비상 대책회의를 열어 천정부지로 치솟는 물가를 잡기 위한 특단의 대책을 마련하려는 정부의 부산한 움직임이 언론의 단골메뉴가 되던 시절의 기억을 우리는 그동안 잠깐 잊고 살아왔으며, 그런 배경에 중국으로부터 수입된 저가 농산물과 생필품이 자리 잡고 있었다는 사실을 새삼스럽게 떠올리게 된다.

그러나 문제는 중국에서 수입되는 저가 농산물과 생필품 덕분에 우리가 '물가비상'이라는 말을 한동안 잊고 지낼 수 있던 시절이 이제 거의 다 지나가고 있다는 점이다. 농산물의 경우 1992년 수교 당시 중국 농산물 가격이 한국 농산물 가격의 10분의 1정도이던 것이, 2010년에는 2분의 1 이하로 그 차이가 바싹 줄어들었다. 빅맥(Big Mac) 가격의 경우 2010년 10월 이코노미스트 발표에 따르면, 3.03달러 대 2.44달러 정도가 됐다. 이 추세대로 간다면 머지않아 중국 물가 때문에 우리 물가가 폭등하는 날이 오지 말라는 법이 없다는 말도 할 수 있을 것이다. 다시 말해 우리도 이제는 중국의 물가에 신경을 써야 할 때가 됐다는 것이다.

공교롭게도 그런 눈으로 중국을 보니 2011년 중국경제의 화두는 물가라는 사실이 두드러져 보였다. 중국의 거시경제를 총괄하는 국무원 국가발전개혁위원회가 2010년 12월 14일 수도 베이징에서 개최한 전국발전개혁공작위원회도 중국 정부의 경제부처들이 2011년 한 해 동안 가장 역점을 두어야 할 8개 항의 공작임무 가운데 중중지중(重中之重: 가장 중요한 사항)으로 물가 감독과 조정을 들었다. 이 위원회 장핑(張平)주임은 "중요한 생산품들의 비축과 공급을 조절하고 시장공급 물량 확보에 최선을 다하라."고 지시했다. 그 구체적 방안으로는 석탄과 석유, 전기의 수요와 공급 조절, 특히 석탄 생산량 확보, 전기 공급량 조절 등을 통해 에너지 가격을 적정선으로 유지하는 일이 무엇보다도 관건이라고 강조했다.

발개위 회의가 열린 다음 날인 2010년 12월 15일에는 역시 베이징에서 전국 물가국장 회의가 개최됐다. 회의에서는 "물가 조절을 위해 여러 가지의 조절 수단을 종합적으로 운용하는 방식이 바람직하며,

가격개혁을 보다 적극적으로 추진할 필요가 있다."는 점이 강조됐고, "물가문제를 정부 내 각 부처가 가장 중요한 업무로 삼아 토론할 필요가 있다."는 방안도 제시됐다. 이 회의에 대해 야오젠 중국 국무원 상부부 대변인은 "물가와 통화팽창 문제가 앞으로 중국 정부가 해결해야 할 가장 중요한 모순"이라고 말하고 "특히 농산물 가격이 빠르게 상승하는 현상이 중국 정부가 해결해야 할 최대의 모순"이라고 밝혔다.

외국기업에 대한 세금우대 조치도 철폐

물가국장 회의와 같은 날 열린 발개위 회의에서는 2011년 중국의 경제성장률 목표를 8%로 잡고, 소비자가격지수(CPI) 상승 억제 목표를 4%로 잡았다. 이 위원회에서도 "우리 중국의 매크로 경제 목표도 물가 안정을 위해 모든 수단을 다 한다는 것"이라는 점을 명확히 했다. 그러나 12월 11일 국가통계국이 발표한 11월 국민경제 주요통계 지표에 따르면 소비자 물가지수가 1년 전 같은 기간보다 5.1% 상승해서 연중 최고치를 기록한 상황에서 과연 중국 정부의 4% 이내 억제 목표가 달성될지는 의문이라고 보아야 할 상황이었다. 더구나 중국의 중앙은행인 인민은행이 최근 잇따라 지급준비율을 인상한다는 발표를 한 점이 인플레이션 압력이 여전히 높은 것으로 판단되는 상황이라 2011년 한 해 내내 중국 최대의 화두는 물가가 될 전망이었다.

1978년 개혁개방을 시작함으로써 사회주의 경제체제에서 자본주의 경제체제로 변신하는 길을 꾸준히 걸어온 중국은 2010년 12월 1일 또 하나의 중요한 정부통제의 옷을 벗어 던졌다. 개혁개방 시작과 함께 외자(FDI)를 끌어들이기 위해 채택해왔던 중국 진출 외국기업에 대한 세금우대 조치를 12월 1일 자로 완전 철폐했다. 중국 국내기업보다 중국 진출 외국기업들이 낮은 세금을 내던 시대가 종식된 것이다. 중국에 진출한 외국기업들에 대한 보호막을 걷어버린 것이다. 중국 국내기업들과 같은 조건으로 중국 시장에서 경쟁하라는 중국공산당과 정부의 준엄한 지시가 하달된 것이다.

이 조치에 따라 중국에 진출한 한국기업들에게 2011년은 고난의 한 해가 될 수밖에 없었다. 중국 정부의 12·1 조치로 세금부담이 엄청나게 늘어난 데다가 지난해 5월 선전 폭스콘 공장에서 시작된 임금인상의 나비효과가 확산되는 중이라 한국기업들은 세금부담과 임금인상이라는 이중고를 겪지 않을 수 없었다. 삼성전자와 LG전자 같은 대기업의 부담이 커지는 것은 물론이고, 중국에 진출한 수많은 우리 중소기업들의 운명이 실로 걱정되는 상황에 놓이게 된 것이다. 가중된 세금 압박과 50%가 넘는 임금 인상 나비효과가 확산되는 가운데 물가라는 펀치마저 얻어맞게 될 경우 중국에 진출한 한국기업들에게 실로 어려운 상황이었다. 그래서 중국에 진출한 우리 기업들에게 세 번의 파이팅을 외쳐 들려주고 싶었다. 자여우(加油)! 자여우! 자여우!

중국경제,
미국·EU·일본 향해 할 말 하겠다

민간 활성화 등 내부 개혁도 추진

지난 2010년 한 해 동안 중국경제가 보여준 그림 가운데 가장 뚜렷한 그림은 위안화 가치의 절상문제를 놓고 미국과 대립각을 날카롭게 세운 모습이었다. 후진타오 중국 국가주석은 미 FRB(연방준비제도이사회)가 서울 G20 회의 개막 직전에 발표한 이른바 양적완화(Quantitative Relaxation)로 6000억 달러를 풀어 위안화 가치절상을 행동으로 압박하자 서울에서 참았던 말을 요코하마에서 터뜨렸다. 후진타오 주석은 2010년 11월 13일 APEC(아시아태평양경제협력체) 회의에 참석한 아시아 태평양 지역 국가 비즈니스 리더들 앞에서 이렇게 말했다.

"아시아 태평양 지역의 신흥시장(Emerging Market) 국가들은 글로별한 도전에 적극 대응해야 합니다. 그 발전단계에 상응하는 국제적인 책임을 담당해야 합니다. 아시아 태평양 신흥시장 국가들은 국제사회의 중요한 구성원이므로, 국제적인 협력과 남남(南南)협력에 적극적이고 건설적으로 참여해야 합니다. … 동시에 아시아 태평양 신흥시장 국가들은 여전히 발전의 초급단계에 처해 있기 때문에 그들의 능력과 발전단계를 넘어서는 책임과 의무를 요구하는 것은 국제협력과 세계경제의 발전에 도움이 안 될 뿐 아니라, 아시아 태평양 신흥시장 국가들의 발전에 손해를 입히게 될 것입니다."

조심스럽게 말하기는 했지만, '발전의 초급단계에 처해 있는 아시아 태평양 신흥시장 국가들'의 대표가 바로 중국이며, 그런 아시아 태평양 신흥시장 국가들에게 '그들의 능력과 발전단계를 넘어서는 책임과 의무를 요구하는 국가'의 대표가 바로 미국이라는 말은 굳이 하지 않아도 온 세계가 다 알아들을 수 있는 말이었다. 후진타오가 그런 말을 하는 분위기를 보면, 중국은 이미 20년 전에 개혁개방의 총지휘자였던 덩샤오핑이 한 말, "(당분간은) 절대로 머리를 내밀지 마라(不做當頭)"라든가 "어둠 속에서 실력을 기르라(韜光養晦)"라는 말은 벗어던지고, "할 말은 하고, 해야 할 일도 한다(有所作爲)"의 시대로 접어든 것이 분명해 보였다.

중국의 GDP가 세계 전체의 GDP에서 차지하는 비중이 8% 남짓으로 일본과 비슷한 상황에서, 24% 정도인 미국과 21% 정도인 EU를 상대로 과연 머리도 내밀고 할 말이나 행동을 해도 되는지는 알 수 없는 일이었지만, 중국 스스로 택한 운명이니 그 후과(後果) 또한 중국 스스로 짊어질 수밖에 없을 것이다.

2010년 한 해 동안 전 세계의 경제계는 이른바 G2라고 불리기 시작한 중국과 미국이 서로 부딪는 두 자루 검의 날카로운 금속성을 들으면서 불안에 떨어야 했다. 힐러리 클린턴 미 국무장관이 2009년 중국을 방문해서 "배를 같이 타고 강을 건너자."(Cross a river in a same boat·同舟共濟)라고 하고, 그 말에 화답해서 원자바오 총리도 "손을 함께 잡고 나아가자."고 했을 때만 해도, '미국과 중국이 저런 식으로 협력하면 2008년 10월에 시작된 미국발 금융위기 극복도 어렵지 않을 것'이라며 숨을 내쉴 수 있었다.

그러나 2010년에 들어서자 미국과 중국은 언제 그랬느냐는 식으로 위안화 가치절상 문제를 필두로 날카로운 칼날 부딪치는 소리를 냈다. 이에 대해 베이징에서 만난 중국 지식인들은 "현재의 중국과 미국 관계는 최소한 동주공제는 아니지만 동상이몽(同床異夢)의 관계는 된다."라는 말을 했다. 미국과 중국이 비록 한 침대 위에서 서로 다른 꿈을 꾸기 시작했지만, 그래도 서로 다른 침대 위에서 서로 다른 꿈을 꾸는 단계까지 나빠지지 않은 것이 다행이라는 말이었다.

어쨌든 20년 전 덩샤오핑이 한 당부를 뒤로하고 2011년을 맞는 중국의 각오가 어떤 것인지는 중국 내부의 목소리를 들어보아야 알 수 있는 상황이었다. 중국의 수도 베이징의 지식인들에게 가장 신뢰를 받는 신문은 〈신경보(新京報)〉인데, 이 〈신경보〉에 중국의 대표적인 지식인들이 2011년의 중국경제 대세를 예측하는 글들을 기고했다. 이들의 말을 들어보면, 후진타오를 비롯한 중국의 정치 지도자들은 이미 중국이 고개를 쳐들 때가 됐다는 판단을 내리고 국제사회에 대한 언행을 하고 있으나 중국의 경제 전문가들은 정치 지도자들과는 달리 보다 신중한 자세를 취하고 있다는 사실을 발견할 수 있었다.

우선 중국 최고의 원로이면서도 국무원 발전연구센터 현역 연구원인 우징롄(80)은 2011년 중국경제가 해야 할 가장 중요한 일은 점점 비정상적인 행동을 보이고 있는 미국에 대응하기 위해서라도 중국경제가 철저한 내부개혁에 나서는 일이라는 견해를 밝혔다. "지난 2008년의 금융위기 이후 미국의 여론은 월스트리트를 요마(妖魔)화 하고 있으며, 그런 월가의 변화에서 우리가 배워야 할 가장 중요한 교훈은 부단한 개혁이 꼭 필요하다는 것이다. 2011년부터 시작되는 제12차 경제발전 5개년 계획 기간 동안 우리가 해야 하는 가장 긴박한 임무는 전면적인 내부 개혁이며, 정부의 규모를 줄이고, 국영기업이 통제하는 자원의 비중도 줄여야 하며, 민진국퇴(民進國堆: 민간기업이 국유기업보다 빠르게 발전하는 것)를 실현하는 것이다."

상하이에 있는 중국 최고의 MBA스쿨인 CEIBS(중국유럽공상학원) 경제학 교수 주티엔은 중국이 2011년에는 미국의 위안화 절상 요구에 보다 적극적으로 귀를 기울여야 한다는 견해를 밝혔다. 위안화 환율 문제는 중국 소비자들과 수출기업들, 그리고 수입대체형 기업들에게 중요한 문제이기는 하지만 점진적으로 절상을 하는 방향을 선택해야 할 것이며 "동시에 외한 관리를 보다 철저하게 해서 핫머니의 유입을 완전히 차단해야 할 것"이라는 말이었다. 그는 만약 중국 거시경제에 문제가 생긴다면 그것은 바로 수출이 과도하게 많은 데서 시작될 것이라고도 지적했다.

국무원 노동임금연구소 소장 쑤하이난은 "임금의 상승률이 물가상승률을 앞지르는 일은 없어야 할 것"이라는 걱정을 했다. 2010년 중국 내 아이폰 생산회사로 대만 투자가가 선전에 세운 폭스콘(Foxcon) 공장에서 근로자들의 잇따른 투신자살로 한 번에 임금을 66% 인상한 결과, 중국 내에 확산되고 있는 임금인상 바람이 물가상승으로 연결될 가능성을 경계해야 한다는 뜻이었다. 그런가 하면 미국 예일대 금융학박사 출신으로 칭화대 교수인 천쯔우는 "제2의 월스트리트가 중국 내에 탄생하기 위해서는 앞으로 100년은 더 기다려야 할 것"이라고 전제하고, 내년에도 중국 소비자들이 소득을 더 높일 수 있도록 해주는 방안이 강구될 것이라고 전망했다.

중국 경제학자들이 내는 그런 조심스러운 목소리를 들어보면, 2011년 중국경제는 미국·유럽 경제와 부딪혀 내는 충돌음을 줄이는 방향으로 움직일 가능성이 있는 분위기라고 할 수 있었다. 실제로 위안화 환율은 미 연준의 양적완화 조치 발표 이후 하락폭을 키워가는 중이기도 했다. 그만큼 중국과 미국이 내는 목소리도 낮아질 가능성을 예상해볼 수 있었다. 하기야 문제는 중국경제가 아니라 점점 요마의 모습으로 변해가고 있던 미국경제 쪽에서 발생할지도 모를 일이었다.

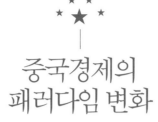

중국경제의
패러다임 변화

신세대 노동자 임금 인상 요구 거세, 저임금 수출 정책 기로에 서다

이제 브루스 커밍스가 1984년에 발표한 '동북아시아 정치·경제 발전의 기원'(The Origins of the Northest Asian political economy)이라는 논문을 다시 들춰볼 때가 된 모양이다. 《한국전쟁의 기원》(The Origins of Korean War)을 써서 남침설과 북침설을 나란히 다루는 바람에 많은 한국인들의 가슴을 아프게 한 브루스 커밍스이지만, 그는 한국과 일본, 대만의 산업 발전 사이의 연관관계를 다룬 정치경제학 논문들로 세계적인 권위를 인정받는 학자이기도 하다.

미국 시카고대학 현역교수인 그의 논문을 읽으면 중국경제의 앞날이 어느 정도는 보이는 듯하기 때문에 이제 다시 들춰볼 때가 됐다고 한 것이다. 그 이유는 중국경제의 앞날을 예고해주는 듯한 사건이

2010년에 벌어졌기 때문이며, 그 사건은 바로 중국 남부 선전에서 미국 애플의 아이폰을 생산하는 공장인 폭스콘(Foxconn·富士康)에서 벌어진 공원 자살사건과 획기적인 임금인상이었다.

브루스 커밍스의 주장에 따르면, 동아시아의 경제발전은 일본에서 시작됐다. 물론 일본의 산업발전은 유럽의 산업혁명에서 지각생이었던 독일의 산업발전을 학습한 결과였다. 일본은 독일을 학습한 결과 1880년에 섬유공업을 시작으로 산업발전을 이룩하기 시작해서, 1930년대에 철강, 화학 등 중공업 부문의 기초를 닦았고, 1960년대에 고도성장에 성공했다. 브루스 커밍스는 그런 일본을 동아시아의 기러기(Flying Geese)라고 표현했다. 동아시아에서 일본이라는 기러기가 날아오르자 그 뒤를 이어 다른 기러기들이 뒤따라 날아올랐는데, 그것이 1970년대 한국과 대만이다. 한국과 대만은 1970년대에 일본에서 쇠퇴해가던 섬유와 소비형 전자산업을 물려받아 날아오르기 시작했고, 1980년대에는 다시 일본으로부터 철강과 자동차산업을 넘겨받아 더 높이 날기 시작했다.

브루스 커밍스의 산업발전 이전이론을 다시 중국에 적용하면 이런 논리구조를 갖게 된다. 동아시아에서 처음 날아오른 일본의 뒤를 따라 한국과 대만이라는 기러기가 날아올랐고, 다시 대만과 한국으로부터 산업이전을 받은 중국이 날아오르기 시작했다. 중국에서 현재 섬유와 소비형 전자산업이 과거 한국과 대만에서처럼 번성하고 있는 현실은 브루스 커밍스의 가설에 고개를 끄덕거리게 하는 대목이 아닐 수 없다. 과거 한국과 대만에서 구로공단과 신주공단이 조성돼서 이미 섬유산업과 소비형 전자산업이 쇠퇴한 미국시장을 겨냥해 수출품을 만드는 저임금 공장들이 번성했고, 한국과 대만의 그런 저임금 수출산업 구조는 현재 고스란히 중국으로 이전돼 번성하고 있다.

그런 중국에서 이제 저임금 수출 상품 제조산업에 근본적인 변화가 필요하다는 경종이 힘차게 울려댄 사건이 발생했다. 중국 남부 광동성 선전에 있는 폭스콘 공장에서 2010년 들어 5월 26일까지 모두 12명의 20대 노동자들이 건물에서 떨어져 자살하는 비극이 벌어졌다. 이들 노동자들은 중국에서 이른바 바링허우(80後; 1980년 이후 출생자), 주링허우(90後; 1990년 이후 출생자)라고 불리는 신세대들이다. 이들은 중국이 1978년 개혁개방을 시작하면서 강력하게 추진한 '한 자녀 갖기' 산아제한 정책의 결과로 외동아들, 외동딸로 자라난 세대들이다.

이들 바링허우, 주링허우들은 어린 시절 호전되기 시작한 중국의 경제 사정 덕분에, 잘 먹고 잘 놀면서 자라난 '소황제'들로, 가난과 힘든 일도 잘 견디던 부모세대들과는 달리 다정다감하면서도 한편으로는 정신적으로 나약하다는 말을 많이 듣는 세대다. 이들이 자라나 당시에 세계의 공장이 된 중국 남부의 폭스콘이나, 혼다자동차 공장에서 저임금 공원으로 일하게 되면서 자살하는 사건이 빚어지고, 파업을 벌이는 일이 잦아진 것이다. 한마디로 중국경제가 1978년 개혁개방 정책으로 발전하기 시작한 이래 30년 만에 구조적으로 저임금 정책을 탈피하지 않을 수 없는 커다란 터닝 포인트에 도달했다는 것이다.

결국 중국 내 여러 도시에 폭스콘 공장을 가동 중인 대만의 홍하이 그룹 궈타이밍(郭台銘) 회장은 2010년 6월 8일 66%의 임금 인상을 발표하지 않을 수 없었다. 미국 애플의 아이폰을 중국 곳곳에서 OEM생산을 하던 폭스콘 공장은 선전 폭스콘의 공원 자살사건을 방치할 경우 말 그대로 요원의 불길처럼 확산될 것을 우려해서, 사상 최대 폭의 임금 인상을 발표하지 않을 수 없게 된 것이다. 자살사건도 사건이지만, 바링허우와 주링허우로 이뤄진 신세대 중국 노동자들은 이제 기존의 중국 노조 조직인 공회(工會)에 대해서도 불만을 터뜨리면서, 자신들의 이익을 대변하는 새로운 공회조직을 구성하려는 움직임이 중국 전역에서 벌어지고 있는 마당에 보다 획기적인 임금 인상폭을 발표하지 않을 수 없었던 것이다. 중국 남부 샤먼대학 에너지경제연구센터 린보창(林伯强) 교수는 이에 대해 중국 관영신문과의 인터뷰에서 "폭스콘과 혼다의 임금 인상 발표는 그동안 무너뜨리기 어려웠던 임금수준의 벽을 깨뜨리는 사건이었다."면서 "앞으로 다른 기업들에게도 영향을 줄 것이며 이에 따라 중국에는 새로운 수준의 임금시대가 올 것"이라고 예상했다.

중국 신세대 노동자들이 '세계의 공장' 지대에 진출해 있는 외국 기업에 대한 항의에서 시작된 임금 인상뿐만 아니라 국내적 요인으로 이뤄지는 임금 인상 바람도 만만찮은 강도로 불고 있다. 확대판 남대문시장이나 동대문시장이라 할 만한 중국 중남부의 이우(義烏)시의 상품 도매시장에서는 중국 광둥성 일원의 노동자 공급과잉과는 대조적으로 노동자공급부족으로 인한 임금 인상이 확산되고 있다. 이에 대해서는 저장대학의 스진촨(史晋川) 교수가 "지역적으로는 중국 남부의 선전 부근 주강삼각주 지역에서 동중부의 상하이 부근 장강삼각주 일대로 옮겨갈 것"이라고 예상하기도 했다.

1978년 덩샤오핑의 결단에 따른 개혁개방 정책의 시행으로 발전하기 시작한 중국경제는 30년 만에 경제발전의 열매를 수혜한 세대인 바링허우, 주링허우들이 근로자로 일하기 시작하면서 커다란 전환의 계절을 맞지 않을 수 없게 됐다. 어린 시절 원하는 것은 무엇이든 먹고 입고 소비하면서 자라난 중국의 신세대들에게 저임금 구조라는 옷이 이제 더 이상 맞지 않게 된 것이다. 1960년대, 1970년대에 태어나 가난하고 배고픈 어린 시절을 보낸 부모들이 아무리 저임금이고 아무리 혹사당하더라도 참고 견디며 키워낸 중국의 신세대들이 이제 중국에서 저임금 시대를 종식시킬 세력으로 자라난 것이다.

이들 중국 신세대들은 현재 자신들이 근로자로 일하면서 사용하는 숙소인 쪽방들을 '달팽이집'(蝸居)으로 묘사하는가 하면, 정규직 일자리를 얻지 못하고 저임금 임시직을 얻어 이리저리 옮겨 다니는 자신들의 신세를 개미에 빗대어 '개미족'(蟻族)이라고 묘사하기도 한다. 그런 자조적인 표현은 현실의 저임금 구조를 비판적으로 보고 있다는 말이다. '개인의 운명은 10년이면 바꿀 수 있고, 나라의 운명은 30년이면 바뀐다.'는 중국 사람들 말은 중국경제에도 들어맞는 듯하다.

중국은 1980년 경제발전을 시작한 지 30년 만에 운명이 바뀌는 폭풍의 언덕에 섰다. 이미 중국에서 저임금 수출상품 생산구조는 흔들리기 시작했으며, 중국이라는 기러기의 뒤를 쫓아 날아오를 준비를 하고 있는 인도와 중동, 그리고 아프리카라는 기러기의 비상을 가까운 장래에 보게 될 전망이다. 중국이 자신들의 기술 축적을 그동안 게을리 했다면, 후발 인도나 중동, 아프리카의 경제가 경쟁력을 갖게 될 때 중국경제는 저임금이라는 중요한 동력을 잃고 방황하게 될 것이다.

어느새 중국경제에 운명적인 고리를 걸고 있는 한국경제도 그런 중국경제의 전환기에 대비하는 작업을 서둘러야 한다. 폭스콘 중국 신세대 노동자의 자살과 폭스콘의 66% 임금 인상이라는 대책 발표를 우리경제 당국도 결코 소홀히 넘기지 말아야 할 현상이었다.

아세안 FTA 발효와
중국의 야심

위안화 통용되는 동아시아 공동체 꿈꾼다

적의 포화를 뚫고…전진! 전진! 전진!

중국의 국가 끝머리는 박력이 넘친다. 중국은 2010년 들어서도 전진을 멈추지 않았다. 우선 두 가지가 크게 달라졌다. 하나는 아세안(ASEAN)과 FTA(자유무역협정)를 체결한 것이고, 다른 하나는 전체 GDP(국내총생산) 규모가 일본을 넘어선 것이었다. 중국과 아세안의 FTA가 1월 1일 발효됨으로써 세계에는 총인구 19억의 거대 경제공동체가 탄생했고, 중국의 GDP 규모가 일본보다 커짐으로써 중국은 미국 다음인 세계 2위의 경제규모를 가진 경제대국이 됐다.

우리가 세종시 문제를 놓고 2009년 연말과 2010년 연시를 정신없이 보내는 사이에 발효된 중국과 아세안 10개국의 FTA로 총인구 19억에 총GDP 6조 달러, 상호무역거래액 2천억 달러의 세계 최대 시장이 탄생했다. 이미 2010년 들면서 중국의 값싼 방직품과 석유화학제품·신발·전자제품·강철·자동차부품 등이 아세안 국가로 무관세로 흘러들어가기 시작했고, 값싼 동남아의 농산물과 과일·공업원료·전자부품 등이 역시 무관세로 중국 시장으로 진출하기 시작했다. 중국과 아세안은 2015년까지 모두 8000가지의 상품을 상호 무관세로 사고판다는 일정을 짜놓았다.

중국과 동남아의 이른바 '10+1' 자유무역지대는 중국이 1994년부터 공을 들인 결과물이었다. 중국은 1994년에는 아세안과 '특별한 대화 동반자' 관계를 맺었고, 1995년에는 ARF(아세안지역안보포럼)에 가입했다. 중국과 아세안은 2010년 1월 7일 중국남부 광서장족 자치구의 중심도시 난닝(南寧)에서 중국에 진출한 글로벌 500대 기업 대표들이 참석한 가운데 성대한 기념식을 가졌다. 기념식에서는 2007년도 노벨 경제학상 수상자 에릭 매스킨이 참석한 가운데 '상생과 번영의 재창조'라는 제목의 포럼이 열렸다. 중국은 앞으로 경제 발전이 제대로 이뤄지지 않은 남부의 윈난(雲南) 성과 광서장족자치구를 아세안과의 경제 교류 중심지로 개발한다는 야심찬 계획을 세워놓았다.

아세안과 자유무역지대를 발효시킴으로써 중국이 그리고 있는 커다란 그림은 '동아시아 공동체의 일체화'다. 유럽연합이 1950년 프랑스와 독일 사이에 체결된 슈만 플랜(Schuman Plan)이라는 이름의 석탄 철강공동체에서 출발해서 오늘의 화폐 단일화와 공동체 정부 구성에까지 성공한 것을 중국은 염두에 두고 있다. 위안화가 통용되는 동아시아 공동체, 중국이 중심이 되어 움직여나가는 세계 최대 규모의 시장을 중국은 그리고 있다.

물론 반발이 없는 것은 아니다. 2010년 1월 1일자로 FTA를 발효시키기는 했지만, 인도네시아, 말레이시아, 태국 등 동남아 강국들의 표정은 떨떠름하다. 중국과 자유무역지대를 구성하기는 했지만 중국이 독주하는 모습을 보이면 언제든 시비를 붙겠다는 자세다. 만약 중국이 동남아의 자원을 약탈해가는 약탈자의 행동을 보여준다면 언제든 견제하고 나설 태세다. 동남아 각국은 자원이 원래 넉넉지 못하던 중국이 지난 30년간 급격한 경제성장을 하면서 자원 고갈 상태에 빠져들고 있고, 환경을 희생시키면서 거의 재앙적인 국면으로 가고 있는 점에 주목하고 있다. 중국이 자신들의 고질병이 되어버린 두 가지 문제의 해결을 위해 동남아를 이용하거나, 환경 파괴를 동남아로 수출하려 할 경우 가만히 있지 않겠다는 다짐을 단단히 하고 있다.

이와 관련 미국 예일대학의 화교 학자 에이미 추아(Amy Chua·蔡美麗)는 《불타는 세계》(World on Fire)라는 저서에서 중국이 동남아에 잘못 접근할 경우 "동남아에서 언제든 과거의 반중(反中)감정이 되살아날 것"이라고 경고했다고 전 세계 화교들이 보는 시사주간 〈아주주간〉은 전했다.

중국의 국가 전체 GDP는 2009년 12월에 일본의 GDP를 초과했거나, 그렇지 않다면 2010년 중으로 일본의 GDP 규모를 추월할 것으로 추산됐다. 전 세계 GDP에서 중국과 일본의 GDP가 차지하는 비율은 2008년 말 IMF 추산으로 중국이 8%에 조금 못 미치고, 일본은 8%를 조금 넘어선 수준이었다. 그랬다가 중국이 2009년에 이른바 보팔(保八; 8% 이상의 성장)에 성공한 것으로 발표됨에 따라 2009년 12월쯤에 중국의 전체 GDP가 일본의 규모를 추월한다는 예상이었다.

물론 환율 절상이 이뤄지지 않은 상황이었기 때문에 달러화로 계산한 중국의 GDP가 과연 일본의 규모를 넘어섰느냐에 대해서는 이론의 여지가 있었다. 하지만, 중국이 2010년에 9%의 성장을 하고, 일본은 마이너스 3~4%의 성장을 할 것이라는 점을 감안한다면 최소한 2010년 중으로는 중국 GDP가 일본 GDP를 넘어설 것이 분명한 상황이었다.

물론 중국의 전체 GDP가 일본의 규모를 넘어선다고 중국이 일본을 능가하는 경제강국이 되는 것은 아니라는 점은 중국 측도 인정하고 있었다. 전 세계 화교들이 보는 〈아주주간〉은 이에 대해 "중국이 일본을 능가하는 경제대국이 되는 것이지, 일본을 능가하는 경제강국이 되는 것은 아니다."라는 표현을 사용했다. 2008년 말 현재 중국의 1인당 GDP는 3259달러였고, 일본의 1인당 GDP는 3만 8457달러, 미국은 4만 7439달러였다. 전체 규모가 일본을 추월했다고 해도, 1인당 GDP를 비교해보면 중국은 일본의 12분의 1, 미국의 15분의 1에 불과하기 때문에 중국도 차마 자신들이 일본을 넘어서서 미국을 위협하는 경제강국이 되고 있다는 말은 못하고 있던 상황이었다.

거기에다가 그 이후의 전망에서도 중국의 표정은 밝지 않은 쪽이었다. 우선 인구로 보아 2008년 말 현재 13억 3000만 명에 이른 중국의 거대한 인구는 2033년이면 15억 명으로 불어나고, 거기에다가 빠른 노령화가 진행 중이어서 2050년 중국의 미래상은 아직 부자가 되지 못했는데 인민들은 이미 늙어버린 나라(國未富 人已老)가 되는 것으로 예상되고 있다. 일본은 부자가 된 뒤에 인구의 노령화가 진행됐지만, 중국은 부자가 되기도 전에 노령화의 길을 걷고 있는 것으로 중국 정부도 판단하고 있다.

인구의 노령화보다 더한 걱정은 중국이 그동안 급격한 경제 성장을 해오기는 했지만 대부분 후발효과에 따른 것이고, 다른 나라의 기술을 도입해서 이룩한 것이지 중국 브랜드의 기술 혁신은 지금까지 별로 이뤄지지 않았다는 점이다. 그래서 후진타오 국가주석을 중심으로 하는 중국의 당과 정부도 이미 오래전부터 "지속가능한 성장"을 외쳐오고 있던 터였다.

그러나 우리가 잘 봐야하는 점은, 남으로부터 좋은 말 듣기 좋아하고, 미엔쯔(面子·체면)를 실력보다 더 중요하게 생각하는 중국 사람들이 자신들의 문제점을 파악하는 점에서 점점 세련미를 띠어가고 있다는 사실이다. 2009년에 들어서면서 미국과 유럽 쪽에서 중국이 미국과 함께 세계를 움직이는 G2국가가 됐다는 말이 나오자 원자바오 총리가 나서서 중국이 G2라는 말은 옳지 않으며 잘못된 말(錯誤的)이라고 분명하게 선을 긋고 나섰다. 미국과 유럽 사람들이 중국을 보고

G2라는 말을 하는 진정한 의미는 실제로 그렇다는 말이 아니라, 중국의 빠른 발전을 경계하기 위한 것이라는 점을 간파한 원자바오 총리가 한마디하고 나선 것이었다.

아직 내부 실력 면에서 경제강국은 아니지만 경제대국이 되어가고 있는 중국이 자신을 보는 눈까지 세련되어지는 것을 보고 있자면, 한국의 문제가 무엇인지 추측이 가능하다. 중국인들에게 한국인들의 특성이 무엇인가를 물어보면 대개는 "총명한 점"이라고 말한다. 그리고 문제점이 무엇인가를 물어보면 "지나치게 총명한 것"이라고 말한다. 그러나 들어보기 쉬운 말은 아니지만 한국인의 문제점, 한국인의 결점을 물어보면 한참을 끙끙거리다가 "소국적(小局的)인 점"이라는 말을 내놓는다.

총명하기는 하지만 국면을 크게 보지 못하고 작게 보는 결점이 있다는 것이다. 그러면서 우스갯소리로 "한국인들은 똑똑해서 남한과 북한, 그리고 연변한국까지 세 개의 나라를 만들어놓지 않았느냐, 우리 중국인들은 좀 모자라서 중국 하나의 나라밖에 못 만들어놓았다."며 웃는다.

2009년 말과 2010년 사이에 한국이 세종시 문제를 놓고 여러 갈래로 나뉘어 운명을 건 일전을 벌이는 동안 중국은 아세안과의 FTA를 발족시키고, 일본의 GDP 규모를 능가하는 경제대국이 되었다. 그리고 과정에서 방법론과 노선을 놓고 내부 갈등을 외부로 노출하지 않았다. 우리가 한·미 FTA를 놓고 내부 의견이 갈라진 점을 외부에 노출

시킨 모습을 중국은 보여주지 않았다.

그렇다고 한국이 중국이 갖고 있지 못한 민주주의를 포기하는 일은 없겠지만, 최소한 한국의 정치 지도자들이 '운명을 걸고 일전을 벌여야 할' 의제 설정만큼은 잘해야 할 것이 아닌가 하는 의견 추출이 가능한 것이다. 앞으로 벌일 한국과 중국의 경제 레이스에는 그런 정치문화까지도 영향을 주는 총력전이 될 것이기 때문에 한국과 중국의 정치와 경제의 함수관계는 이후에도 계속 국제 경제계의 관찰 대상이 될 전망이다.

패권 꿈꾸는
시진핑 제너레이션

마 오쩌둥의 세계전략은 제3세계론과 '초영간미'(超英赶美)였다.
제3세계론은 1949년 중화인민공화국 정부가 수립된 이후 마
오쩌둥이 세계의 형세를 보니 동쪽의 미국과 서쪽의 소련이 떡 버티
고 있었다. 마치 유비의 가신이 된 제갈량이 천하의 형세를 보니 북쪽
에는 조조의 위(魏)가 버티고 있고, 남에는 오(吳)의 손권이 버티고 있
는 구조였다. 이때 제갈량이 유비에게 건의한 것이 지금의 쓰촨(四川)
성에 해당하는 촉(蜀)으로 들어가 촉한을 세우자는 것이었다. 제갈량
의 생각에서 아이디어를 얻은 마오쩌둥은 세계를 동쪽의 미국과 서쪽
의 소련, 그리고 이들 두 강대국 어디에도 속하지 않는 아시아와 아프
리카의 비동맹 국가들을 묶어서 제3세계라고 명명하고, 중국은 그 제3
세계의 맹주임을 자처했다.

초영간미는 또한 19세기 세계 최대의 강국 영국을 넘어서서, 20세기 들어 영국을 제치고 세계 최강대국의 자리에 오른 미국과 경쟁한다는 전략이었다. 초영간미는 1960년대 들어 중국의 강철 생산량을 단숨에 영국과 미국의 수준으로 끌어올리기 위한 대약진 운동이라는 오류로 연결됐다. 강철공장을 제대로 세우지 않은 가운데 군중노선으로 강철 생산량을 끌어올리기 위해 지방마다, 마을마다 조잡한 용광로를 설치해서 강철 생산을 시도하는 아이러니를 낳았다. 대실패로 연결된 대약진 운동은 수많은 아사자를 낸 채 경제정책 실패로 귀결됐고, 이에 대해 책임을 져야 하게 된 마오쩌둥은 거꾸로 중고생들을 홍위병으로 동원해서 정적을 제거하는 이른바 문화대혁명의 소용돌이를 중국 대륙에 일으켰다. 어린 중고생들을 홍위병으로 동원한 사실상의 권력투쟁이던 문화대혁명은 1976년 9월 9일 마오쩌둥의 사망으로 막을 내렸다.

마오의 죽음으로 권력을 장악한 덩샤오핑의 세계전략은 화평발전(Peaceful Development)이었다. 언제든 영국, 미국과 한 판 붙을 준비를 갖추기 위해 많은 경제적 희생을 치르는 것을 지켜보던 덩샤오핑으로서는 화평발전을 선포함으로써, "우리 중국은 당분간 전쟁을 않고 경제발전에만 전념할 것"임을 선포했다. 그리고는 전 세계에 대해서 "우리의 제1의 목표는 경제발전이며 이 같은 화평발전에 맞춰서 군을 감축하고, 전쟁준비를 하지 않을 것이며, 모든 국력을 경제발전에만 투입할 것"임을 국내외에 다짐했다. 군 병력의 숫자를 4백만 명 수준에서 3백만 명 수준으로 감축한 덩샤오핑은 경제발전을 가장 최우선 정책으로 국내외에 제시했다. 그러나 이제 와서 보면 중국은 경제발전을 하는 한편으로 군 장비의 현대화도 아울러 추진하는 부국강병의 길을 걸었던 것으로 판명됐다.

2002년 당 총서기로 선출된 후진타오는 덩샤오핑의 화평발전을 살짝 비틀어서 화평굴기(和平崛起·Peaceful Rise)라고 했다. 미국과 유럽을 비롯한 전 세계는 중국의 변신에 주목하기 시작했다. 미국을 비롯한 전 세계가 화평굴기에 주목하면서 민감한 반응을 보이자 후진타오는 슬그머니 외교 브레인들의 자문을 받아 다시 화평발전으로 복귀했다는 선언을 했으나 한 번 화평굴기로 세계인의 머리에 남은 중국의 굴기는 쉽사리 지워지지 않았다.

1953년 생으로 한국전에 대한 기억도 없는 시진핑은 2012년 11월 당 총서기로 선출되자 미국에 대해 신형 대국관계(新型 大國關系)를 요구했다. 자신의 당 총서기 선출 시점으로 보면 지난 1978년부터 개혁과 개방으로 빠른 경제발전을 추구해서 경제규모로 미국에 이은 세계 2위로 성장한 이상 그에 걸맞는 국제정치적 위상과 발언권을 가져야겠다는 것이 바로 신형 대국관계 이론의 핵심 골자이다. 시진핑의 중국은 이미 1990년 초 개혁개방의 총설계사 덩샤오핑이 당부한 도광양회(韜光養晦·어둠 속에 실력을 기른다)나 머리를 내밀지 마라(不要當頭), 다주소화(多做少話·행동을 앞세우고 말을 많이 하지 말라)라는 말은 이미 잊은 듯하다.

이런 시진핑의 중국을 만든 사람으로는 시진핑 본인과 왕후닝(59)과 리잔수(64) 두 사람의 브레인이라고 한다. 왕후닝은 상하이 푸단대 국제정치학과 대학원 출신으로 시진핑이 당총서기가 되면서 정치국원 겸 서기처 서기, 국가정책실 주임으로 발탁한 인물이다. 리잔수는 허베이(河北) 사범대 정치교육과를 졸업한 경영학 석사 출신으로, 역시 시진핑이 발탁해서 정치국원과 서기처 서기, 당 중앙판공청 주임으로서 중국공산당 살림살이를 도맡고 있는 인물이다. 이들 두 사람은 2014년 11월의 APEC 기간에도 시진핑 국가주석이 박근혜 대통령이나 푸틴 러시아 대통령, 아베 신조 일본 총리 등 외국 정상들을 만날 때 반드시 배석해서 회담 진행과정을 지켜보았다. 왕후닝과 리잔수 두 사람은 시진핑의 해외순방에 반드시 수행하고 있다.

시진핑
제너레이션

문화혁명 환상에서 깨어나 경제개혁 주역으로 성장한 세대

지난 2014년 7월 3일 한국을 방문한 시진핑 중국 국가주석은 1953년생이다. 세대를 10년 단위로 끊어서 말하기 좋아하는 중국 사람들은 1950년대 출생한 세대를 우링허우(五零後)라고 부른다. 1960년대 출생자는 류링허우(六零後), 1970년대 출생자는 치링허우(七零後), 1980년대 출생자는 바링허우(八零後) 등으로 부른다.

중화인민공화국 정부는 1949년 10월 1일에 수립됐다. 마오쩌둥이 베이징 한복판에 있는 천안문 위에서 천안문 광장에 모인 군중들에게 후난성 사투리 발음으로 중화인민공화국 정부 수립을 전 세계에 선포한 4년 뒤에야 시진핑이 출생했다. 시진핑이 초등학교와 중학교를 다니던 시절은 중국공산당이 중화인민공화국 정부를 수립한 직후 가장 자신감에 차있던 시절이었다. 상하이에서 만나 저녁을 함께 하며 쌀로 빚은 황주(黃酒)를 홀짝홀짝 마시던 우링허우는 자기 세대의 특징을 이렇게 설명했다.

"우링허우들의 혈액 속에는 마오쩌둥 사상의 피가 흐르고 있어요. 배운 것이라고는 무산계급 문화와 마오쩌둥 사상밖에 없어요. 출생과 동시에 공산주의 공작에 참여했고, 마오쩌둥 사상의 교육체계 아래에서 교육을 받았죠. 항상 '마오쩌둥 만세'를 외쳤고, '둥팡훙'(東方紅), '타이양성'(太陽昇), '중국에 마오쩌둥이 탄생했네', '사회주의가 좋아요' 등 이른바 홍색가요(紅色歌謠)를 부르면서 자라났죠."

시진핑 국가주석과 같은 1953년생들이 열세 살이던 1966년에 마오쩌둥이 발동한 문화혁명이 중국 대륙 전역을 휩쓸었다. 문화혁명은 1953년생이 스무 세살이 된 1976년 9월 마오쩌둥이 병으로 사망함으로써 끝났다. 스물다섯 살이던 1978년부터는 프랑스 유학파 출신의 덩샤오핑이 시동을 건 개혁개방의 드라마가 펼쳐졌다. 우링허우들은 서른을 전후해서 마오쩌둥이 걸었던 이상주의적 사회주의의 긴 꿈에서 깨어났다.

문화혁명에 앞서 우링허우들은 1959년부터 1961년까지 3년 동안 전국을 휩쓴 가뭄 때문에 지금도 3년 재해라고 부르는 대기근의 시대를 통과해야 했다. 자연재해뿐이 아니었다. 단기간 내에 영국을 능가하고, 미국을 따라잡겠다는 환상에 사로 잡혀 마을마다 흙으로 용광로를 만들어 세운 대약진운동이라는 잘못된 정책의 재해도 겹쳤다. 전국적으로 한 해 2천만 명 이상의 아사자가 속출한 재앙이 계속됐다. 먹을 것이 없었고, 굶어 죽는 일이 말 그대로 다반사이던 시절이었다. 그런 재앙과 정치적 난리의 한가운데를 우링허우들은 "동방에 뜬 태양 마오쩌둥 만세"를 외치며 통과해야 했다.

우링허우들은 중국공산당과 중화인민공화국 정부의 요직을 대부분 차지하고 있다. 시진핑 당 총서기 겸 국가주석이 1953년 출생이고, 리커창(李克强) 당정치국 상무위원 겸 총리가 1955년생이며, 시진핑의 외교 브레인 역할을 하는 왕후닝 정치국원이 1955년생이다. 행정부인 국무원의 장관은 대부분 우링허우들이다. 경제 정책 담당 왕양(汪洋) 부총리가 1955년생, 양징(楊晶) 국무위원이 1953년, 창완취안(常萬全) 국방부장이 1959년, 양제츠(楊潔篪) 외교담당 국무위원이 1950년, 궈성쿤(郭聲琨) 공안부장이 1954년, 왕융(王勇) 항공우주 담당 국무위원이 1955년, 왕이(王毅) 외교부장이 1953년에 출생한 우링허우들이다.

더욱 더 눈여겨 볼 대목은 중국 인민해방군을 총지휘하는 당 중앙군사위원회 주석과 부주석, 그리고 위원들이 대부분 우링허우들이라는 점이다. 군사위 주석 시진핑이 1953년, 판창룽(范長龍) 부주석이 1947년생, 공군 출신 부주석 쉬치량(許其亮)이 1950년생이고, 창완취안 국방부장을 포함한 8명의 군사위 위원들이 대부분 우링허우들이다.

우리가 중국공산당과 중화인민공화국 정부, 그리고 중국인민해방군의 최고 지휘부인 당 중앙군사위 위원들이 대부분 우링허우들이라는 사실에 주목해야 하는 이유는 이들이 1950년 6월에 시작해서 1953년 7월에 휴전 상태에 들어간 한국전쟁에 대한 기억이 거의 없거나 전쟁이 끝난 다음에 태어난 세대들이라는 점 때문이다. 1950년 6월 25일에 한국전쟁이 발발하고, 마오쩌둥의 결정으로 1950년 11월 27일 이른바 '중국인민지원군'이라는 이름으로 위장한 중국군 정예부대가 압록강을 건널 때 우링허우들은 아직 태어나지 않았거나, 갓 태어난 아기였다는 점이다.

한반도에서 1950년에 일어난 전쟁의 기억이 없는 세대가 중국의 당과 정부, 그리고 군의 최고 지휘부를 구성한 첫 번째 지도부가 바로 시진핑의 지도부라는 점은 중국의 한반도 정책이 변화할 수 있는 가능성을 내포한 중요한 요인이라고 하지 않을 수 없다. 자신의 아들을 한국전쟁의 전선으로 보낸 마오쩌둥 세대와는 분명한 차이가 있다. 직접 한반도의 전장에서 북한군과 함께 피를 흘리며 한국군과 미국군을 포함한 유엔군과 전쟁을 한 기억이 없는 최초의 지도부가 시진핑 지도부라는 점이 앞으로 중국의 한반도 정책에 어떤 영향을 미칠지 관찰의 대상이 아닐 수 없다.

우리 지도부도 어느새 한반도에서 1950년에 발생한 전쟁에 대한 기억을 관념적으로만 갖고 있는 세대로 구성돼 있다는 점 또한 유의미한 요인이 아닐 수 없다. 박근혜 대통령이 1952년생, 김관진 안보실장이 1949년생, 윤병세 외교부장이 1953년생, 주철기 외교안보수석이 1949년생이라는 점이 앞으로 어떤 변화를 이루어낼지 주목해볼만 한 일이다. 전쟁의 기억을 관념으로만 갖고 있는 한국과 중국의 양국 지도자들이 전쟁의 원인과 결과에 대해 냉정한 분석을 할 수 있다면 한반도의 통일이 앞당겨 지지 않을까 하는 기대를 가져보는 것이다.

중국의 우링허우들은 어린 시절 마오쩌둥이 얽어놓은 이데올로기의 환상 속에 살다가 깨어나 덩샤오핑이 이끄는 실용주의의 세상에서 경제발전의 주역 역할을 해온 세대이다. 그런 점에서 한반도의 오랜 숙제인 분단 상태의 해소도 보다 현실적으로 접근하는 시대가 시작되기를 기대해본다. 우링허우인 시진핑 국가주석이 서울보다 평양을 먼저 방문하는 중국 측 관행을 깨고 서울을 먼저 방문한 것이 그 첫걸음이 되기를 아울러 기대해본다.

청일전쟁 패배 되씹으며
전의 다지는 중국 해군

전투능력 과시로 미국의 포위전략에 대응 의지 다져

지난 2014년 8월 27일 오전 11시 30분 상하이와 칭다오를 비롯한 중국 모든 항구에 정박해 있는 중국 해군 함정들은 기적 소리를 1분간 울렸다. 120년 전 갑오년에 벌어진 일본과의 전쟁에서 수몰된 중국 해군 병사들의 혼을 위로하는 기적 소리였다. 중국 해군 병사들은 갑판에 도열해서 묵념을 올렸다.

중국이 갑오(甲午)전쟁이라고 부르는 청일(淸日)전쟁이 터진 것은 1894년 7월 25일이었고, 1개월 남짓 지난 8월 27일을 기해 산둥성 웨이하이의 류궁다오(劉公島) 해군 기지에서 청나라 해군 전사자들을 위한 진혼 제례를 올린 것이다. 진혼제 개막에 맞추어 북으로는 보하이(渤海)에서 남으로는 남사군도(南沙群島)에 이르는 모든 중국 항구에 정박해 있는 해군 함정들이 기적소리를 울렸다. 기적소리와 함께 19발의 예포가 울리는 가운데 중국 해군 병사들은 꽃을 바다에 던지면서 "뇌기역사 물망국치"(牢記歷史 勿忘國恥·역사를 잘 기억하고, 국가의 치욕을 잊지 말지)를 외쳤다.

청나라 해군의 주력이 일본군의 공격에 수몰당한 과거 역사를 안고 있는 류궁다오에 정박해 있는 중국 해군 함정에서는 120년 전에 당한 패전의 원인을 분석하는 전문가 좌담회도 열렸다. 이 좌담회에 참석한 중국 해군 전문가들은 패전의 원인으로 "일본 해군의 동향에 대한 아무런 정보도 없었고, 제해권을 장악하기 위한 아무런 전략적인 준비도 없었을 뿐만 아니라, 장비도 크게 뒤졌다."는 점을 적시했다.

당시 청나라 해군에는 3000톤급 이상의 군함이 단 두 척뿐이었고, 3000톤급 이하의 군함이 10척 있었던 반면 일본 해군은 3000톤급 이상이 8척에 3000톤급 이하의 군함이 4척 있었고, 청나라 해군의 함포의 사거리가 3000미터 이하였다. 일본군의 함포는 사거리가 5000미터 정도인데다 일본 해군은 최신식 속사포도 보유하고 있었다. 정보면에서도, 장비면에서도 열세였던 청나라 해군으로서는 패배할 수밖에 없었다고 중국 해군 전문가들은 진단했다.

산둥반도 웨이하이(威海)의 류궁다오에서 열린 청나라 해군 진혼제에 참석한 우성리(吳勝利) 해군 사령관은 "우리 해군이 이번에 이런 진혼제를 마련한 것은 120년 전에 목숨을 잃은 북양함대 장병들의 혼을 위로하고, 아픈 역사를 깊이 기억하며, 강국 강군을 향한 위대한 실천

의지를 다지기 위한 것"이라고 강조했다. 해방군보를 비롯한 중국 관영신문들은 이 날의 진혼제가 거안사위(居安思危·평안할 때 위급함을 생각한다)의 정신을 깨우치기 위한 것이라고 논평했다.

중국군을 총지휘하는 당중앙군사위원회 주석으로 중국공산당 총서기와 국가주석직을 겸하고 있는 시진핑은 2012년 취임한 이래 중국군에 대해 "능따장 따성장"(能打丈 打勝丈·언제든 전쟁을 할 수 있고, 전쟁을 하면 승리해야 한다)의 군대가 되어야 한다고 강조해왔다.

그동안 박근혜 대통령과의 두 차례 정상회담을 통해 넉넉한 체구에서 나오는 푸근한 웃음을 우리에게 보여줬지만, 군대 경험이 전혀 없던 장쩌민과 후진타오 두 전임자와는 달리 지방 당정 고위직과 군 지휘관직을 겸임해온 시진핑은 중국군을 향해서는 정곡을 찌르는 지휘방침을 하달해놓았다.

기회 있을 때마다 중국군 부대와 실전훈련 현장을 시찰하면서 "평화를 바란다면 전쟁을 준비해야 한다."는 말과 "실전능력을 길러야 한다."고 거듭 강조해왔다.

중국 해군은 8월 27일 중국내 모든 항구에 정박해 있는 함정에서 1분간 기적을 올리고 묵념을 하면서 시진핑 주석의 "언제든 전쟁을 할 수 있고, 전쟁을 하면 반드시 승리해야 한다."는 지시를 되뇌었다. 바로 그 시각 중국 육군과 공군은 7000명이라는 사상 최대의 병력을 동원해서 몽골 울란바토르 근교 초원지대에서 전개된 '평화의 사명 2014' 실전 훈련에 참가했다.

러시아와 중앙아시아 여러 국가들과 합동으로 매년 개최하는 '평화의 사명' 훈련은, 명분상으로는 테러에 대응하는 훈련으로 되어 있으나, 실제로는 미국의 중국에 대한 포위전략에 맞서 중국과 중앙아시아, 러시아의 단합을 과시하는데에 목표가 맞추어져 있다. 한반도를 포함한 동북아 유사시에 대비한다는 뜻이 감추어져 있음은 물론이다. 이 훈련에는 중국의 7대 군구(軍區) 가운데 수도 베이징을 방어하기 위한 최정예군으로 1950년 한국전쟁에 참전했던 38집단군 병사들이 주력 부대로 참여했다.

중국 관영 TV는 이와 함께 상하이에 주둔하는 난징(南京)군구 소속의 해군 병사들이 어망을 피하고, 암초 사이에 숨고, 빠른 해류에 편승하는 법, 부두에 안정되게 접안하는 법 등을 익히는 실전 훈련을 벌였다고 전했다. 중국 관영 TV가 보여주는 중국군의 실전훈련은 이미 중국군 장사병들의 체격이나 빠른 몸놀림, 검게 그을린 얼굴과 얼룩무늬 군복에 위장칠을 한 모습등이 이미 만만디(漫漫的·느릿느릿한)의 군대가 아님을 보여주었다. 시진핑 군사위원회 주석의 지시 '능따장, 따성장'이 중국군의 모습을 크게 바꾸어 놓고 있음을 실감할 수 있었다.

중국군의 실전 훈련 모습을 보는 동안 우리 군의 실전 능력은 과연 어느 정도일까 하는 의문이 들었다. 5년마다 바뀌어온 우리의 대통령들이 대통령 선거에서 승리하기 위해 복무기간을 줄이는 공약을 다투어 내놓다보니 육군 병사들의 의무 복무기간은 어느새 20개월로 짧아져 있다.

복무기간이 짧아지다 보니 임무를 충분히 숙지하기에도 모자라고, 또 병력규모를 유지하기 위해 과거에는 입영대상이 아니던 병사들까지 입영시키다 보니 전문성이 크게 떨어져 있을 것으로 추정되고 있다. 그런가 하면 선임병들이 후임병들에게 가하는 폭력을 방지하기 위해 훈련 동기들, 다시 말해 같은 계급의 병사들로만 분대를 구성해보자는 군간부들의 제안까지 나왔다고 하니 우려스럽지 않을 수 없다.

우리 군은 과연 '실제로 전쟁을 할 수 있는 군대이고, 싸우면 승리할 수 있는 군대인지' 하는 의문이 든다. 우리 군의 실전 능력은 과연 어느 정도인지, 거안사위(居安思危·평안할 때 위급함을 생각한다)라는 말의 뜻을 우리 군 간부들이 과연 되새기고 있는지 묻고 싶다.

신장위구르에 발목 잡힌
중국몽 中國夢

미국과 新실크로드 충돌, 양보할 수 없는 전략의 땅

신강(新疆)의 강(疆·중국어 발음 장) 자를 확대해서 보자. 오른쪽 부분 '畺'(강)이 동서로 흐르는 세 개의 선과 그 사이에 끼여 있는 두 개의 밭 전(田) 자를 형상화해 놓은 모양임을 알 수 있다. 신장위구르자치구에 사는 사람들은 이 세 개의 선이 위쪽에서부터 차례로 알타이산맥과 톈산(天山)산맥, 쿤룬(崑崙)산맥이라고 말한다. 세 줄기의 산맥 사이에 끼여 있는 두 개의 밭 전 자는 준가르 분지와 타림 분지를 형상화한 것이다.

한자에는 강역(疆域·영역)과 변강(邊疆·변경)이라는 말이 있듯이 신장위구르자치구는 수도 베이징에서 보아 먼 곳에 있는 땅이라는 뜻이다. 동서로 흐르는 세 개의 산맥과 사막지대 사이로 중국의 비단이 유럽의 로마까지 낙타의 등에 실려 운반되던 길이 실크로드였고, 당나라의 삼장(三藏·玄奘)법사가 불경을 구하러 인도로 가기 위해 통과해야 했던 길도 바로 이 길이었다. 이 신장위구르자치구가 요즘 들어서는 미국과 중국의 새로운 국제전략이 만나 부딪치는 경쟁의 땅이 되고 있다.

신실크로드 전략을 먼저 내놓은 측은 미국이었다. 2011년 9월 29일 로버트 호매츠 미 국무부 경제·에너지·농업 차관은 워싱턴에 있는 존스홉킨스대학 SAIS 센터 아시아-코카서스 연구소에서 열린 포럼에서 버락 오바마 미국 행정부가 추진하고 있는 신실크로드 전략에 대해 설명했다.

호매츠 차관이 밝힌 신실크로드 전략은 미국이 2001년 9·11테러 이후 10년 동안 전쟁을 통해 개입한 아프가니스탄과 파키스탄을 중심으로, 남아시아와 중앙아시아를 연결하는 선상에 있는 국가들의 경제적 재건을 본격적으로 추진하겠다는 전략이다. TAPI라고 불리는 천연가스 파이프라인을 건설하는 정책으로, 투르크메니스탄(T)의 천연가스를 아프가니스탄(A)을 경유해서 파키스탄(P)과 인도(I)에 공급한다는 계획이다.

중국은 이 신실크로드 전략이 아프가니스탄과 파키스탄을 주축으로 남아시아와 중앙아시아를 연결하는 중국 포위망을 구축하겠다는 미국의 구상과 의도에서 만들어진 것으로 간주하고 예의주시해 왔다. 2011년 10월 23일자 중국공산당 기관지 인민일보는 '힐러리의 신실크로드 계획은 미·파키스탄 관계의 상처를 치료하기 위한 것'이라는 제목의 기사에서 "힐러리 클린턴 미 국무장관은 21일 밤 파키스탄 방문을 마치고 타지키스탄으로 날아갔으며, 클린턴이 이번에 아프가니스탄 주변 국가들을 순방하고 있는 의도는 11월 초 터키 이스탄불에서, 12월에는 독일 본에서 개최될 아프간 문제 국제회의에 대비하기 위한 것"이라고 보도했다.

미국의 의도는 아프가니스탄의 미래 정국에 이들 아프가니스탄 주변국들이 영향력을 발휘하기를 기대하는데 있으며, 특히 파키스탄과의 관계 개선을 위한 전략이라는 것이 인민일보의 진단이었다. 한마디로 미국의 신실크로드 전략은 미국이 전통적으로 구사해온 중국에 대한 포위전략이라는 것이었다.

중국의 신실크로드 전략은 미국의 신실크로드 전략에 맞서서 최근에 발표된 전략이다. 시진핑 중국 국가주석이 2013년 9월과 10월 중앙아시아와 동남아시아 국가들을 순방하면서 밝힌 '이다이 이루'(一帶一路) 구상이 바로 미국의 신실크로드 전략에 맞서기 위해 중국이 제시한 정책이다. 이는 중앙아시아를 통해 유럽과 중국을 하나의 경제권으로 연결하겠다는 구상(一帶)과 동남아시아를 통해 유럽과 아프리카를 해상 루트로 연결하겠다는 구상(一路)이다. 중국은 이 구상의 실현을 위해 런던~파리~베를린~바르샤바~모스크바~만저우리~베이징을 연결하는 고속철 건설 구상을 펼치는 중이다.

2011년 11월 미국의 힐러리 클린턴 국무장관이 하와이 이스트웨스트센터에서 밝힌 미국의 태평양 세기 구상과 이 구상의 연결선상에 있는 오바마 대통령의 피봇 아시아(Pivot Asia·아시아 중시) 정책에 맞서 시진핑 주석은 중국의 피봇 유라시아(Pivot Eurasia·유라시아 중시) 정책을 제시한 것이 바로 신실크로드 전략 구상이다. 미국의 중국 포위전략을 뚫기 위해 만들어진 것이 이다이 이루 정책인 것이다.

지난 2014년 5월 상하이에서 시진핑 주석이 푸틴 러시아 대통령과 중앙아시아 각국 최고 지도자들을 초청해서 주관한 CICA 회의도 바로 신실크로드 전략구상의 일환이었던 셈이다. 이 회의에서 중국의 의도는 보다 분명하게 드러났다.

세계사는 알렉산드로스 대왕의 대제국과 칭기즈칸의 몽골제국을 비롯한 많은 제국들이 세계를 제패하기 위해 중앙아시아와 신장위구르의 고산지대를 넘은 발자취를 기록하고 있다. 현대에 와서는 브레즈네프의 소련 제국이 세계 제국을 건설하기 위해 아프가니스탄을 침공했다가 제국의 붕괴를 맞았고, 부시 대통령의 미국은 9·11 테러에 대응하기 위해 카불로 군대를 보냈다가 아프가니스탄의 수렁에 빠져 지금도 허우적대고 있는 중이다.

미국에 이어 중국도 과거 동아시아에서 중앙아시아를 거쳐 유럽 가까이까지 뻗어있던 당(唐)의 영광을 재현하기 위해 신장위구르자치구를 넘어 중앙아시아를 통해 유럽에 이르는 길을 열어보기 위한 노력에 본격적으로 착수했다. 그런 중국의 꿈(中國夢)에 발목을 붙잡고 있는 것이 신장위구르의 분리독립주의자들이며, 그들이 벌이는 테러를 진압하기 위해 골치를 썩이고 있는 것이 중국 지도자들인 것이다.

　우리는 해발고도가 높은데다가 사막지대인 신장위구르자치구를 포기할 수 없는 중국의 전략을 선악의 기준으로 보거나 미국의 시각으로만 보아서는 안 될 것이다. 보다 더 넓은 시각으로 중국과 미국의 행보를 관찰하자. 그런 의미에서 우리의 외교당국이 제시한 '유라시아 이니셔티브' 정책이 보다 내실화 있게 정비되고 추진되기를 기대해 본다고 말하고 싶다.

김정은 – 아베 동맹에 뿔난 시진핑

중국 지도자론 처음 평양보다 서울 먼저 방문
박근혜 대통령과 北·日 밀약 대응책 논의

친중국, 결일본, 연미국(親中國, 結日本, 聯美國).

1880년 일본에 파견된 수신사 김홍집은 일본에 주재하던 청국 공관의 참사관 황준헌이 쓴 《조선책략(朝鮮策略)》을 구해서 고종에게 바쳤다. 그 요지가 중국을 가까이하고, 일본과 손을 잡으며, 미국과 연결하라는 것이었다. 황준헌이 《조선책략》을 쓴 이유는 당시 동진하고 있던 러시아가 조선을 탐내고 있다고 보고, 중국으로서는 이를 방어해야 하기 때문에 조선으로 하여금 중국과 친하고, 일본과 손잡으며, 미국과 연결해야 한다는 주문을 한 것이다.

그로부터 134년이 지난 지금, 한반도를 둘러싼 미국·중국·러시아·일본은 또다시 복잡하고 어지러운 움직임을 보여주고 있다. 미국은 굴기하는 중국을 견제하겠다며 '리밸런싱 아시아'(Rebalancing Asia · 아시아 재균형) 전략을 추진하고 있다.

미국은 이 전략을 일본 · 한국 · 필리핀 · 태국 · 호주 등 '전통적인 우방 5개국'과 손잡고 추진하려 하고 있다. 일본은 그런 미국의 속뜻을 잘 읽었다는 점을 과시하기 위해 댜오위댜오(釣魚島 · 일본명 센가쿠 제도)를 둘러싼 해상 영토 분쟁과 역사 왜곡을 통한 중국 견제의 강도를 높여가고 있다.

미국의 아시아 재균형 정책에 맞서 중국은 2014년 5월 20일부터 26일까지 블라디보스토크에서 대한해협을 거쳐 동중국해의 상하이 앞바다에 이르는 해역에서 중 · 러 해상 합동 군사훈련을 실시했다. 미국의 중국 견제 전략에 중 · 러 결맹으로 대처하겠다는 뜻이다. 러시아는 러시아대로 우크라이나 사태에 대해 미국과 유럽이 선언하고 있는 견제 정책에 대응하기 위해 중국의 접근 정책에 적극 호응하고 있다.

중국은 미국의 아시아 재균형 전략을 바탕으로 중국에 대한 자극의 강도를 높여가고 있는 일본 · 필리핀 · 베트남과는 달리, 환한 미소를 던지고 있는 한국에 대한 적극적인 접근책을 전개하고 있다. 한국을 통해 미국의 포위망을 뚫기 위한 전략이다. 그 적극적인 접근책은 시진핑 중국 국가주석이 1949년 중화인민공화국 정부 수립 이래 최초로 평양 방문을 아직 하지 않은 상태에서 서울 방문을 먼저 하는, 한국에 대해 사상 초유의 미소 정책을 펼치는 결과로 나타나고 있다.

시진핑 주석이 평양을 제치고 서울을 먼저 방문함에 따라, 중국과 북한은 지난 1992년 한·중 수교 이후 10년 가까이 계속되던 북·중 소원의 관계에 다시 빠질 것이라는 분석이다. 북한은 1차로 한국에 접근책을 펼치고 있는 중국에 대한 견제의 의미로 해석되는 전술, 다시 말해 2014년 9월에 열리는 인천 아시안게임에 참가하겠다는 선포를 통해 남북한 접근 카드를 들어 보였다.

미국·중국·러시아가 130여 년 전의 복잡한 상황을 재현하기라도 하려는 듯 활발한 움직임을 보이고 있는 가운데, 아베 일본 총리는 '북·일 수교' '북·일 정상회담' 등의 카드를 꺼내 도대체 아베의 속내가 무엇인가라는 주변국의 의문을 불러일으키고 있다. 현재로서는 130년 만에 재연되는 복잡한 한반도 주변 형세 속에서 일단 한반도에 대한 일본의 이익을 챙기기 위한 한 수를 두어두는 게 좋겠다는 계산이 깔린 것이란 분석이다.

시진핑 주석으로서는 그런 꼼수를 쓰는 아베 총리가 못마땅할 수밖에 없다. 그렇지 않아도 중국에 대한 미국의 견제책에 제일 앞장서 호응하고 있는 일본이 얄미운 상황인데, 북한에 대한 중국의 영향력을 의식한 것으로 보이는 일본의 기습적인 한 수에 대해 북한을 놓고 일본이 사통(私通)을 해서 중국을 한번 왕따(掉)시켜보겠다는 거냐라며 불쾌해하고 있음은 당연하다. 시진핑 주석이 평양보다 서울을 먼저 방문하는 마당에, 한국에 대한 시진핑의 미소 전략 배후를 찔러 일·북 접근으로 견제하겠다는 암수(暗手)를 쓰는 데 대한 불편한 마음을 감추지 못하고 있는 것이다.

한반도를 둘러싼 동북아시아의 정세가 복잡하게 돌아가고 있는 가운데, 2014년 5월 6일 발표된 《중국 국가안전 청서(青書)》는 우리의 시선을 잡기에 충분하다. 중국 국제관계대학원 국제전략과 안전 연구센터가 펴낸 이 청서에는 '중국 국가안전 연구보고 2014'라는 부제가 붙어 있다. 현 상황에서 중국이 선택해야 할 대외 전략의 큰 줄기는 연(聯)러시아, 납(拉)유럽, 온(穩)미국이어야 한다는 방침을 제시했다.

130년 전 황준헌의 《조선책략》은 동진하는 러시아에 맞서기 위해 중국이 조선에 권고하는 전략으로 친중국, 결일본, 연미국을 제시했지만, 현 상황에서 중국이 택해야 할 전략으로 '러시아와 연결하고, 유럽을 끌어당기며, 미국을 다독여야 한다고 한 것이다. 중국 국가안전 청서는 일본에 대해 따로 언급하지 않았다. 미국에 대해서만 신형 대국 관계를 통해 서로 대항하지 않고, 상호 존중하며, 서로 윈윈하는 관계를 형성해야 한다고 했다. 그렇게 될 경우 일본 문제는 자연스레 해소될 것이라는 뜻을 내포한 것으로 볼 수 있다.

문제는 우리 정부의 대응이다. 2014년 7월 초 시진핑 주석이 평양보다 먼저 서울을 방문하는데 대해, 우리 정부가 계산해봐야 할 항목이 한두 가지가 아니다. 무엇보다 시진핑 주석과 박근혜 대통령이 교환하는 미소를 관찰하는 미국의 속마음을 잘 읽어야 한다. 우리도 어차피 복잡한 동북아 정세 속에서 치밀한 계산하에 바둑을 두고 있다는 인상 정도는 미국이 알 수 있도록 해야 할 것이란 얘기다.

다음으로는 북한의 변화를 잘 관찰해야 한다. 중화인민공화국 65년 사상 처음으로 중국 국가원수가 평양보다 먼저 서울을 방문하는 사건이 벌어지는데 대해 김정은 체제가 어떻게 대응하는지는 중국과 남북한 관계 측정에 중요한 잣대가 될 것이다. 우리 외교 당국은 그동안 세월호 참사와 지방선거로 국내로만 쏠렸던 시각을 돌려 시진핑 방한에 대한 북한 지도부의 반응을 잘 살피는 것은 물론이고, 아베와 김정은의 접근이 과연 어느 수준까지 진행될 것인지에 대해서도 촉각을 곤두세워야 한다. 무엇보다 중국을 포함한 주변 강대국과 북한의 움직임을 일차방정식으로 보지 말고, 복잡한 다면기(多面棋)로 봐야 할 것이다.

무대 뒤에서 이뤄진
중국과 러시아의 거래
중·러 2014 합동군사훈련에 숨은 계산

중 국 상하이 앞바다에서는 2014년 5월 20일부터 26일까지 7일간 중국과 러시아 해군의 합동군사훈련이 진행됐다. 훈련이 실시된 해역은 북위 32도 8분 동경 123도 50분, 북위 31도 26분 동경 125도 49분, 북위 28도 57분 동경 124도 33분, 북위 29도 46분 동경 122도 33분, 네 개의 점을 연결하는 마름모꼴 해역으로 장강(長江) 하구 앞바다였다. 훈련작전에 참가한 러시아 태평양함대는 바리야그 미사일순양함을 앞세운 편대를 짜서 5월 14일 동해 북쪽의 블라디보스토크를 출발, 5월 16일 대마도 근해를 통과해서, 5월 20일 훈련작전 해역에 도착했다. 훈련작전에는 중국이 전함 8척, 잠수함 2척, 전폭기 9대, 헬기 4대, 특전사 1개 분대를 참여시켰고, 러시아에서는 전함 6척

헬기 2대, 특전사 1개 분대가 참여했다. 러시아의 최신예 전투기 수호이 30, 중국이 자랑하는 젠(殲)-10 전투기도 동원됐다.

훈련은 5월 20일 시진핑 중국 국가주석과 블라디미르 푸틴 러시아 대통령이 개시를 선포함으로써 시작됐다. 5월 20일 양군 지휘부가 모여 도상훈련을 실시한 다음, 5월 22일에는 '묘지(錨地·정박지)방어'라는 이름의 훈련을 시작했다. 이 훈련에는 양군에서 모두 14척의 전함이 참여했고 '묘지'로 선정된 특정 해역을 중국과 러시아 양국 해군의 혼성부대 3개 편대가 각자 서로 다른 방향을 방어하는 훈련을 실시했다. 작전 개념은 특정 해역을 외부의 침공으로부터 보호한다는 것이었다. 이 특정 해역 또는 지역이 어느 지역인지에 대해서는 발표가 없었다. 중국과 러시아 양국 군 당국은 "이번 훈련은 특정 국가를 겨냥한 것이 아니다."라고 발표했다.

5월 23일 오전에는 특정 세력에 나포된 상선을 구조하는 훈련을 실시했고, 오후에는 정체불명의 공중 비행물체에 대해 전폭기에 해당하는 중국 공군의 젠훙(殲轟)-7기 10여대가 긴급 발진하는 훈련이 실시됐다. 훈련은 정체불명의 공중 비행물체를 훈련 해역 바깥으로 쫓아내는 데 성공하는 것으로 마무리됐다. 5월 24일에는 중·러 연합함대의 실탄 사격훈련이 진행됐다. 훈련에 참가한 전함의 주포가 해상 목표물을 공격하고 부포는 공중 목표물을 공격했다. 중국 인민해방군 기관지 해방군보(解放軍報)는 훈련이 마무리된 5월 26일 "이번 2014 중·러 합동 군사훈련으로 양국 군 병사들은 3가지의 새로운 능력을 갖게 됐고, 훈련은 모두 4가지 방면에서 커다란 작전능력 개선이 이뤄졌다."고 보도했다.

해방군보에 따르면, 이 훈련으로 중국과 러시아 장병들이 갖게 된 '3가지의 새로운 능력'은 첫째, 합동으로 작전을 기획하는 능력이다. 중국과 러시아 해군이 서로 섞여 작전부대를 구성하는 이른바 혼성 편성에 의한 작전 기획 능력을 갖게 됐다는 것이다. 두 번째는 중국과 러시아군을 서로 뒤섞은 혼성 편성부대가 성공적으로 방공 작전과 반잠(反潛) 작전을 포함한 9개 항목에 대한 실전 수행 능력을 보유하게 됐다는 것이다. 세 번째는 중국과 러시아 양국 군 병사들이 상대방의 강점은 무엇이고, 상대방과의 묵계에 의한 작전 수행이 무엇인지도 이해하게 됐다는 것이다.

해방군보는 이 작전훈련 실시로 중·러 양국 해군이 얻게 된 4개항의 작전능력 개선으로 다음과 같은 것들을 꼽았다. 첫째, 시진핑과 푸틴 두 사람의 양국 정상이 모두 이번 훈련 개전을 선포함으로써 얻어진 전략적 협력의 가능성을 바탕으로 양국이 '전략적 협력 동반자 관계'를 체결하는 국면으로 이어졌다. 둘째, 위성통신망을 포함한 통신수단을 통해 양국 군 사이에 긴밀한 전술과 전략적 작전 행위의 제어가 잘 이뤄졌다. 셋째, 양국 장병들의 혼합 편성에 의한 고도의 합동작전 성공 가능성을 만들어 냈으며 넷째, 도상작전 수행능력이 아닌 실전능력을 갖출 가능성을 열어놓게 됐다.

그러나 무엇보다도 우리가 주목해야 하는 점은 따로 있다. 중국과 러시아의 해군 합동훈련이 상하이 앞바다에서 진행되는 동안 지난 10년간 지지부진하던 중국과 러시아의 가스공급 협약이 체결됐다는 점이다. 2014년 3월 러시아의 크림반도 합병 이후 미국을 비롯한 서방 세계는 러시아에 대한 경제제재를 모색했고, 그러한 제재 수단 중 하나가 유럽의 러시아산 천연가스 수입물량 축소였다. 천연가스와 석유 수출로 대부분의 재정을 충당하고 있는 러시아로서는 새로운 천연가스 판매처가 필요했다. 이 같은 경제적 수요는 중국과의 천연가스 가격협상에 더욱 큰 유연성을 발휘하게 했다. 중국으로서는 협상을 유리하게 이끌어 갈 수 있는 기회를 맞은 셈이었다.

러시아 가스프롬과 중국석유천연가스집단(CNPC)이 상하이에서 푸틴 대통령과 시진핑 국가주석이 지켜보는 가운데 천연가스 공급 계약을 체결했다. 러시아는 2018년부터 30년 동안 중국에 연간 380억㎥의 천연가스를 공급하게 됐고, 전체 계약 규모는 4000억 달러(약 410조 원)에 이르는 것으로 알려졌다. 중국과 러시아는 정확한 가스 공급가는 비밀이라며 공개를 거부하고 있지만 두 나라는 1000㎥당 350달러 선에 합의를 본 것으로 추산된다. 이는 유럽에 대한 러시아의 평균 가스 공급가인 1000㎥당 380달러보다 상당히 낮은 것이다. 중국은 결국 10년 전 협상테이블에 앉았을 때의 목표였던 국제시세 400달러 선은 물론 유럽 공급가격보다도 낮은 가격으로 10년간의 협상을 결론지었다.

역사는 수레바퀴처럼 회전하고 시계추처럼 움직임이 반복되는 것인가. 1949년 10월 1일 마오쩌둥이 중화인민공화국 수립을 선포한 직후 중국은 소련의 힘을 빌려 중공업 건설을 시작했다. 그러나 1950년대 말이 되면서 중국과 소련은 수정주의 논란을 중심으로 한 이데올로기 분쟁으로 거리가 멀어지기 시작했다. 이후 양국 국경 병력이 충돌한 진보도(珍寶島) 사건으로 사이가 더 벌어졌다.

1971년 미국 측에서는 닉슨 대통령과 키신저 안보보좌관, 중국 측에서는 마오쩌둥과 저우언라이 총리를 간판으로 하는 지도부 사이의 데탕트로 미·중 접근과 중·소 결별이라는 새로운 국제 형세가 짜여졌다. 그리고 냉전의 종결과 중국의 부상을 계기로 미·중 사이의 갈등 형성과 중국과 러시아의 재접근이라는 국제 정세가 조성됐다. 그리고 말은 하지 않고 있지만 미국을 겨냥한 합동 군사훈련이 분명한 중·러 합동훈련까지 실시하기에 이른 것이다.

앞으로 최대 관심사는 국제 정세가 중·러와 미·일이 대치하는 새로운 냉전시대가 될 것인가이다. 우리 지도자들이 눈을 크게 뜨고 지켜봐야 할 때가 온 것이다.

시진핑 중국공산당 총서기 인물탐구

십대 후반 량자허촌 토굴서 생활하다 40년만에 최고지도자 오른 노력파

중국공산당은 2012년 11월 15일 제18기 중앙위원회 1차 전체회의(1중전회)를 열고 시진핑(習近平·59)을 새로운 당총서기로 선출했다고 발표했다. 이와 함께 시진핑을 새로운 당 중앙군사위원회 주석으로 선출했다. 이로써 시진핑은 1921년 창당된 중국공산당의 91년 역사상 처음으로 공개된 회의를 통해 당총서기 겸 중앙군사위원회 주석으로 선출되면서 당과 군을 동시에 장악한 인물이 됐다. 그는 당총서기 겸 중앙군사위 주석으로 선출된 당일 인민대회당에서 내·외신 기자회견을 갖고 중국의 새로운 최고 지도자로서 다음과 같은 견해를 처음으로 밝혔다.

"민족 부흥은 중국공산당이 짊어진 역사적 사명입니다. 역사의 바통을 이어받아 민족 부흥의 실현을 위해 노력하고 분투할 것입니다. …
전심전력을 다해 인민들을 위해 봉사하는 것이 우리 당의 근본 목표이
며, 인민들을 위해 봉사하는 것이 출발점인 동시에 우리가 발을 붙이
고 서있는 위치이기도 합니다. 통속적으로 말한다면, 인민들이 행복한
생활을 할 수 있도록 만드는 것입니다. 인민들이 자신들의 생활을 아
름답게 할 수 있을 뿐 아니라, 자녀들의 생활도 희망을 가질 수 있도록
만들어야 합니다. 이를 위해 민생 건설을 더 실질적으로 더욱 촉진하
고…"

중국공산당 중앙위원회는 이날 시진핑 당총서기 겸 중앙군사위원회
주석의 공식 이력서를 공개했다.

시진핑 주석 이력서

시진핑, 남, 한족(漢族), 1953년 6월생, 산시(陝西)성 푸핑(富平) 출
생, 1969년 1월 당의 공작에 참가, 1974년 1월에 입당, 칭화(淸華)대
학 인문사회학원 마르크스주의 이론과 사상정치교육학과 졸업, 대학
원에 진학해서 법학박사 학위 획득

1969~1975년 | 산시성 옌촨현 원안역(文安驛) 인민공사 량자허(梁家
河) 대대에서 지식청년으로 일하면서 당지부 서기를 지냄

1975~1979년 | 칭화대학 화공학과 유기합성학과

1979~1982년 | 국무원 판공청 비서 겸 중앙군사위원회 비서

1982~1983년 | 허베이성 정딩(正定)현 당위원회 부서기

1983~1985년 | 정딩현 당위원회 서기 겸 현 무장부 제1 정치위원

1985~1988년 | 푸젠성 샤먼(厦門)시 당위원회 상무위원, 부시장

1988~1990년 | 푸젠성 닝더(寧德) 지방당위원회 서기 겸 닝더 군분구
(軍分區) 당위원회 제1서기

1990~1993년 | 푸젠성 푸저우시 당위원회 서기, 시 인민대표대회 상
무위원회 주임 겸 푸저우 군분구 당위원회 제1서기

1993~1995년 | 푸젠성 당위원회 상무위원 겸 푸저우시 당위원회 서기,
시인민대표대회 상무위원회 주임, 푸저우 군분구 당위원회 제1서기

1995~1996년 | 푸젠성 당위원회 부서기로 승진

1996~1999년 | 푸젠성 당위원회 부서기 겸 푸젠성 고사포 부대 예비
역 사단 제1 정치위원

1998~2002년 | 칭화대학 인문사회학원 마르크스주의 이론과 사상정
치교육 전공, 법학박사학위 획득…

이후 그는 저장성 성장(省長), 저장성 당위원회 서기를 거쳐 2007년
에 상하이시 당위원회 서기를 하다가, 2008년 9명의 당중앙 정치국
상무위원 가운데 한 사람으로 발탁됐고, 국가부주석으로 기용된 뒤에

2010년 당 중앙군사위원회 부주석으로 선출됨으로써 최고지도자 후진타오의 후임자로 내정된 다음 이번에 당과 군을 동시에 장악한 명실상부한 중국의 최고 권력자가 됐다. 물론 그가 이렇게 최고 권력자가 될 수 있었던 것은 후진타오의 전임자 장쩌민이 막후에서 강력한 지지를 보냈기 때문이며, 이미 86세에 이른 장쩌민이 막후에서 어떤 간섭을 할 것인가는 관찰의 대상이라고 하겠다. 장쩌민은 후진타오가 당총서기와 함께 당중앙군사위원회 주석직도 시진핑에게 넘겨주고 깨끗이 뒤로 물러서게 만드는 놀라운 영향력을 발휘한 것으로 알려졌다.

시진핑을 홍콩과 일본의 언론들은 흔히 태자당(太子黨)이라고 분류해왔다. 아버지 시중쉰(習仲勳·1913~2002)이 마오쩌둥과 덩샤오핑으로부터 동시에 인정을 받아 국무원 부총리를 지낸 인물이기 때문이다. 홍콩 언론들은 또 시진핑이 젊은 시절 입당원서를 10차례나 제출했다가 거부당했다는 확인 안된 이야기까지 소개하기도 했다.

16세 때 아버지 시중쉰 사상문제로 시골마을로 하방(下放)

그러나 중국의 관영 웹사이트인 차이나닷컴(china.com)은 이미 지난 2008년에 시진핑이 입당원서를 한 차례 거부당한 일이 있으나, 21세이던 1974년 두 번째 제출해서 입당이 허가됐다고 소개한 바 있다. 처음 입당이 거부된 이유는 당시 문화혁명이 진행되는 가운데서도 개혁개방을 지지하는 사고방식을 갖고 있던 아버지 시중쉰 때문이었으나, 두 번째 입당원서를 냈을 때 "부모가 문제가 있더라도 자녀들에게 영향을 미쳐서는 안 된다."는 당중앙의 공식판단에 따라 입당이 허가된 것으로 소개했다. 시진핑이 태자당이라는 이야기와 10차례나 입당이 거부됐다는 이야기는 서로 상충하는 이야기다. 실제로 시진핑은 아버지 시중쉰의 사상문제 때문에 16세 때이던 1969년 베이징에서 산시성 옌안(延安) 부근의 시골마을로 하방되어 갖은 고생을 하며 험악한 청소년 시절을 보내면서 중국공산당 지방당원으로 시작해서 성장해온 인물이기 때문이다.

2008년 10월 시진핑은 8000만 중국공산당원을 이끄는 9명의 정치국 상무위원 가운데 한 명으로 선출된 뒤 장시(江西)성 지방시찰을 하면서 현지에서 대학생 촌관(村官)들과 만나 이런 이야기를 했다. '촌관'이란 도시의 대학생들에게 지방의 현실을 파악할 수 있도록 벽지의 하급 행정관직을 맡아 일정 기간 일하도록 하는 제도다. 시진핑은 이들 대학생 촌관들에게 "농촌에서 기층(基層)공작을 하는 것은 여러분들의 인생에 좌표를 제시해줄 것"이라며 "젊은 시절 농촌에서 일하면 무엇이 군중이며, 군중을 어떻게 존중해야 하는지, 무엇이 실사구시이고, 왜 현실을 존중해야 하는지를 가르쳐 준다."고 했다. 자신이 16세 때 농촌으로 하방당해 고생하면서 깨달은, 생생한 체험을 통해 얻은 깨우침을 들려준 것이라는 게 중국 관영 매체들의 전언이었다.

시진핑이 우리의 고1 나이에 하방을 당해 간 곳은 마오쩌둥이 토굴생활을 하던 산시성 옌안에서도 동북쪽으로 70㎞ 깊숙이 들어간 곳에 있는 량자허(梁家河)촌이라는 마을이었다. 마오쩌둥이 1968년 12월

"지식청년들은 농촌으로 가서 가난한 농촌 속에서 재교육을 받으라."
고 지시했기 때문이다. 시진핑을 포함한 흰 얼굴의 베이징 청년학생
15명이 배당받아 간 량자허촌이라는 산골마을은 옥수수 국수밖에는
먹을 것이 없는 깡촌이었으며, 그들에게 배당된 숙소는 토굴이었다는
것이 중국 관영매체들의 전언이다.

　그들에게 맡겨진 임무는 물이 모자라는 이곳에 둑을 쌓아 저수지를
만들라는 것이었다. 저수지 만드는 임무를 맡은 흰 얼굴의 베이징 청
소년들은 이후 20년간 이 일을 해야 했으며, 이들 가운데 일부는 그
지방에 남아 살게 됐고, 일부는 베이징으로 돌아갔으며, 그 가운데에
는 당간부로 출세한 인물도 있는데 바로 시진핑이 그 경우라는 것이
다. 이들이 만든 저수지는 지금도 남아 기능을 하고 있으며, 베이징에
서 온 학생 15명을 포함한 200명이 참가한 저수지 건설 작업을 지휘한
현지의 여성 대대장은 스위싱(石玉興)이라는 꺽다리 처녀였다. 스위싱
은 1969년 1월 13일 베이징에서 온 흰 얼굴의 애송이 15명을 집합시
켰을 때를 이렇게 회상한다고 중국 관영매체들은 전했다.

　"집합 시키고 보니 이들이 커다란 상자 하나를 갖고 온 것을 발견했
어요. 나는 그 상자에 무슨 금은보화라도 들었나 해서 열어보라고 했
는데 열어 보니 책이었어요. 그러니 얼마나 무거웠겠어요. 자기네들도
무거운 책 상자를 들고 온 걸 후회하면서 투덜거렸는데, 나중에 알고
보니 그 상자는 시진핑이라는 학생 것이더군요. 그 시진핑이라는 학
생, 다른 학생들은 일이 힘들어 지쳐서 곯아떨어지는 가운데에서도 책

을 손에서 놓지 않았는데 결국은 칭화대학에 가더군요."

그로부터 23년 후인 1992년 어느 가을, 이미 동부 연안의 부유한 지역 푸젠성 당위원회 상무위원 겸 푸저우시 당서기로 출세한 시진핑이 다시 이 량자허촌을 방문한 일이 있었다. 이때 시진핑은 하방당한 청소년 학생들을 지휘하던 시골처녀 스위싱을 만났는데 이때 스위싱이 한 말은 "그래도 그때 베이징에서 온 지식청년들에게는 옥수수 국수를 만들어 먹였지만 다른 마을 사람들은 조와 밀 껍질밖에 먹을 것이 없었다."는 것이었다. 20여년 만에 동부 해안의 부자 도시 푸저우시 당서기가 되어 깡촌의 저수지 공사장으로 돌아온 시진핑에게 마을사람들은 추억의 옥수수 국수와 콩, 깨 등을 싸서 선물했다고 중국 관영매체들은 전한다.

시진핑이 량자허라는 산골마을로 하방을 당해 갔을 당시 41세로 나중에 79세가 된 량여우창(梁有昌)이라는 노인은 당시의 시진핑에 대해 이런 기억을 털어놓았다. "참을성이 대단한 학생이었어요. 산시성 북부의 음력 2~3월이면 눈이 아직 녹지 않은 때인데 저수지 공사장에서 시진핑은 허연 다리를 드러낸 채 뼛속에 스며드는 차가운 물속에 발을 담그고 일하는 모습을 보여 정말 훌륭한 학생이라는 하오허우성(好后生)이라는 평가를 받았지요."

시진핑이 량자허촌을 빠져나올 수 있었던 것은 6년 후인 1975년이었다. 량자허촌에서 좋은 평가를 받은 탓인지 시진핑은 추천 케이스로 칭화대학에 입학자격을 얻었다. 량자허 마을 사람들 모두 할 일은 다하면서도 책 보기를 좋아하는 학생, 공부 열심히 하는 학생이라는 평가를 내려주었다.

마을 사람들은 시진핑을 하루의 작업이 끝난 뒤에 호롱불을 켜고 흙벽돌보다 더 두꺼운 책을 읽던 학생으로 기억하고 있으며, 시진핑이 읽던 책 가운데에는 마르크스 레닌주의에 관한 것도 있었고, 수학에 관한 것도 있었다는 것이 중국 관영 매체들의 이야기다. 전기도 없는 마을에서 다른 학생들은 견디지 못할 상황에서도 책까지 읽는 점이 남달랐다는 것이 시진핑에 대한 마을사람들의 평가이다.

노블리스 오블리제 갖춘 인물로 평가

그러고 보면 시진핑은 40년전 마오쩌둥이 자신의 정치적 목적을 달성하기 위해 벌인 문화대혁명 과정에서 도시의 지식청년들을 농촌 산골로 하방시키는 바람에 겪게 된 청소년기를 잘 이겨낸 사람이다. 아버지 시중쉰이 마오쩌둥 지지파들에 의해 반당(反黨)집단의 지휘자로 낙인찍혀 있다가 그때쯤 저우언라이의 배려로 당간부 재교육 기관인 당교(黨校)라는 안전지대로 피신할 수 있었던 점이 시진핑이 량자허촌을 떠나 칭화대학에 추천 케이스로 입학할 수 있었던 것과 무슨 관련이 있는지는 현재로서는 알 수 없다.

그러나 열여섯 살에 베이징에서 옌안보다 더 깊은 산골에서 저수지 만드는 공사를 6년간 한 뒤 8000만명의 중국공산당원들 가운데에 한 계단 한 계단씩 올라가 결국 피라미드의 최고 정점에 이른 인물을 태자당이라고 치부하는 것이 정당한 평가는 아닐 것이다.

2008년 이미 중앙당정치국 상무위원 겸 당무를 총괄하는 서기처 서기에 오른 시진핑은 산시성 인민대표들 토론회에 참석해 당시 이런 말을 했다고 중국 관영매체들은 전한다. "나는 옌안에서 입당했습니다. 옌안은 나를 키워주었고, 자라게 해주었습니다. 산시는 나의 뿌리이며, 옌안은 나의 혼입니다. 나는 꿈에도 여러 차례 옌안으로 돌아간 일이 있습니다. 나의 희망은 적당한 때에 산시성으로 가서 옌안을 돌아보고 그곳 인민들과 각급 간부들을 가르치는 일을 하고 싶습니다."

그리고 보면 시진핑은 중국공산당이 18차 당대회를 통해서도 버리지 않고 갖기로 결정한 마르크스 레닌주의와 마오쩌둥 사상에 관한 한 그 기반이 탄탄한 인물이라고 보아야 할 것이다. 전임 국가주석 후진타오 역시 1942년생으로, 1949년 중화인민공화국 정부 수립 때 7세였으니 소학교, 중학교, 대학 교육을 마르크스 레닌주의와 마오쩌둥 사상이 시퍼렇게 날이 서 있을 때 교육을 받은 사람이다. 1953년생인 시진핑은 마오가 실패작으로 끝난 대약진 운동과 문화대혁명을 밀어붙이는 과정에 중·고 교육을 받았다. 시진핑이 정치적으로 다소 좌파적 성향의 인물일 가능성을 배제할 수는 없겠다.

더구나 아버지 시중쉰이 30대의 젊은 나이에 마오의 눈에 들어 출세의 길을 달린 군인이요 행정가였지만, 문화혁명과 함께 반당분자로 낙인찍히는 바람에 시진핑은 인생에서 귀중한 초년에 고생을 겪은 인물이므로, 중국 사회의 노블리스 오블리제는 갖춘 인물이라고 평가해야 할 것이다. 아버지 시중쉰은 덩샤오핑보다 더 빠른 개혁·개방에 대한 생각을 일찍이 갖게 된 사람으로, 문혁이 끝나고 복권된 이후에 개혁개방의 출발점인 광둥성에서 최고위 행정가 겸 군구(軍區) 정치위원을 지낸 인물이다. 아버지 시중쉰의 개혁개방에 관한 생각은 시진핑에게 영향을 미쳤을 것이며, 군인 출신인 아버지의 경력은 시진핑에게 군내 인맥관리와 군의 지지에 유리한 강점을 제공해줄 수 있을 것으로 판단된다.

시진핑은 또한 최근 생산되고 있는 중국공산당 인재들 가운데서는 드물게 꾸준하게 군 경력을 쌓아온 인물이며, 그런 점에서 군사위원회 주석 자리에 오른 것도 조금도 어색하지 않다고 할 수 있다. 그는 26세 때인 1979년부터 3년간 당중앙군사위 판공청 비서로 3년간 현역 군복무를 한 것을 시작으로, 지방 행정조직 가운데 군사담당인 무장부 서기와 정치위원을 두루 역임했고, 인민해방군에서 대공(對空)방어를 담당하는 고사포부대 예비역사단 제1정치위원도 지냈다.

그는 2000년부터 3년간은 난징(南京)군구의 국방동원위원회 부주임을 지내는 등 지방 행정 수장과 지방 당위원회 최고위직을 맡으면서도 항상 군사담당자로서 군을 관리하는 일을 꾸준히 해왔다. 오히려 장쩌민과 후진타오 두 사람의 전 당총서기 겸 국가주석, 군사위원회 주석보다도 군 커리어를 제대로 갖춘 인물이기도 하다.

그는 다소 체중이 많은 듯 보이기는 하지만 성(省) 당위원회 서기를 하던 시절 취임 9개월 만에 관할 69개의 현과 시를 시찰한, 중국 내에서는 드문 시찰 기록을 갖고 있기도 하다. 2008년 3월 전국인민대표대회가 베이징에서 개최됐을 때 조선일보 베이징특파원이었던 필자는 시진핑이 상하이시 인민대표들과 토론하는 과정을 참관한 일이 있었다. 그때 본 시진핑은 그의 체중보다 더 무게 있어 보이는 언행과 함께 다른 사람의 말을 주의깊게 경청할 줄 알고, 울림이 좋은 육중한 목소리로 간결하면서도 정확한 의사표시를 해서 좌중을 금방 압도하는 카리스마를 과시했다.

시진핑은 2011년 중국 지방 관영신문인 시안만보(西安晚報)와의 인터뷰를 통해 이런 말을 했다. "지금까지 일생을 통해 나에게 가장 큰 도움이 된 두 부류의 사람들이 있는데, 한 쪽은 혁명 선배님들이고, 또 다른 한쪽은 산시성 시골의 량자허 마을 사람들이었다. 량자허 마을 사람들은 내가 항상 군중들 속에 있어야 하며, 결코 군중들의 곁을 떠나서는 안 될 것이라는 점을 가르쳐 주었다." 그러면서 그는 자신의 이름 진핑(近平)이 다른 사람들을 편안하게 해주고 친근감을 느끼게 만들어준다는 뜻의 평이근인(平易近人)이라고 풀이하기도 했다.

시진핑 부주석은 2005년에는 저장성 당서기 자격으로, 2009년 12월에는 국가부주석 자격으로 한국을 방문했다. 필자는 2005년에는 그의 방한 활동을 취재했고, 2009년에는 그를 환영하는 조찬모임에 가서 악수를 나눈 일이 있었다.

그는 청소년 시절의 혹독한 고생이 가져다 준 겸손함과 부드러움과 신중함, 만나는 모든 사람에게 따뜻한 인사를 할 줄 아는 훌륭한 인품을 갖춘 인물인 것으로 판단됐다. 50대 중반이라는 나이보다 훨씬 원숙해 보이는 인상이었으며, 다른 사람이 없는 데서 다른 사람의 험담을 할 정도의 인물은 아닐 것으로 보였다.

딩원수가 8000만명인 시구 최대의 성당인 중국공산당이라는 거대조직에서 살아남아 피라미드의 맨 꼭대기까지 올라가기 위해 겸손과 신중함은 필수 요건이다. 갈수록 중국 각계의 엘리트 그룹을 흡수해서 확대의 길을 걷고 있는 중국공산당은 이미 '공산당'이라는 이름이 걸맞지 않는 중국 내 최대의 엘리트 정당으로 변신을 시도하고 있다. 이런 점에서 왜 중국공산당이 법학박사 학위를 가진 인텔리겐차를 당의 얼굴로 내세우려 하는지에 대해서도 이해가 있어야 할 것으로 생각된다.

아버지를 잘 만나 출세한 인물이라는 태자당이라는 이름을 그에 대한 평가로 삼는 것은 어울리지 않으며, 오히려 그는 현 중국사회 내에서 갖추어야 할 노블리스 오블리제를 갖춘 인물로 보는 것이 맞을 것으로 평가된다.

시진핑이 이끌 중국이 앞으로 어떤 길을 걸어갈 것인가 하는 점과 관련, 중국공산당은 당의 강령 수정안 발표문을 통해 중국이 앞으로 더욱 확고한 개혁개방의 길을 걸어갈 것임을 분명히 했다.

"이번 당대회를 통해 우리는 개혁개방이 바로 강국의 길이며, 새로운 시기의 가장 선명한 특징이라는 점을 분명히 인식했다. 우리 중국이 지난 30여년간 보여준 쾌속 발전은 바로 개혁개방이 있었기 때문에 가능한 것이었으며, 미래의 발전도 흔들림 없이 개혁개방의 길을 따를 것이다. 개혁개방만이 중국을 발전시킬 수 있으며 사회주의를 발전시키고, 마르크스 레닌주의를 발전시킬 수 있으며, 우리 당은 개혁개방을 견지하는 중대한 의의를 심각하게 인식하고, 더욱 더 흔들림 없이 개혁개방을 추진해 나갈 것이다."

시진핑의 중국이 앞으로 걸어갈 길이 더욱 확고한 개혁개방의 길이며, 흔들림 없는 경제발전의 길을 걸어갈 것임은 의심할 필요가 없을 것으로 보인다. 중국공산당이라는 이름을 '중국개혁당'으로 고쳐야 하는 것은 아닌지 생각해보아야 할 정도로, 시진핑의 중국은 덩샤오핑의 중국이 지난 30여년간 걸어온 개혁개방의 길을 더욱 확고하게 걸어갈 것으로 전망된다.

경제력 앞세운 중국,
청(淸)의 전철 밟나

세계전략을 화평굴기로 전환, 주변국과 영토분쟁 등 패권주의 부활

중국경제에 관해 가장 활발하게 저술 활동을 하는 미국의 경제학자 배리 노튼이 쓴 《중국 경제 : 변화와 성장》(The Chinese Economy : Transitions and Growth)에 보면, 1820년대 청(淸)나라의 국내총생산(GDP)이 당시 전 세계 GDP의 3분의 1 정도를 차지하고 있었다는 추정치가 나온다. 당시 청의 인구는 전 세계 인구의 36%였다고 한다. 현재 중화인민공화국의 영토는 960만㎢로 한반도 면적의 44배, 남한 면적의 96배에 가깝다. 육지 면적만 그렇고, 중국의 해양 영토 면적은 299만 7000㎢로 남한의 해양 영토 면적 44만㎢의 6.8배에 이른다.

중국은 전통적으로 바다에 대해 중요성을 두지 않았다. 이 세계는 9

개의 주(州)로 이뤄진 천하(天下)와 동서남북 네 방향 외곽의 사해(四海)로 이뤄져 있다고 생각해왔다. 사해에는 이(夷), 융(戎), 만(蠻), 적(狄) 네 종류의 비문명적 종족들이 산다고 생각한 것이 세계관이었다. 자신들은 천하의 중심에 살고, 외곽의 사해에는 자신들이 돌봐줘야 할 야만인들이 산다고 생각했던 것이다. 중국인들의 그런 생각은 진(秦)에서 청(淸)에 이르는 2300년 정도 계속된 왕조를 통해 이어져 왔다.

청(淸), 아편전쟁 후 초라하게 몰락

그런 생각이 무너진 것은 1840년부터 시작된 두 차례의 아편전쟁 때문이었다. 산업혁명을 통해 세계 최강의 군사력을 갖게 된 영국을 비롯한 유럽 국가들이 역사상 처음으로 증기기관을 장착한 군함을 타고 인도양을 건너 중국 남부 광둥(廣東)성에 상륙하는가 했더니, 아편을 중국에 수출하고 당시 은본위제였던 청의 국고를 이루는 은을 영국으로 반출해가기 시작했다. 아편전쟁은 그렇게 해서 발발했으나, 결과는 두 차례의 전투 끝에 청은 홍콩을 영국에 할양해주어야 하는 지경에 이르게 된 것이었다. 제대로 된 현대적인 군사력을 갖추지 못하고 있던 청이라는 GDP 대국, 인구 대국은 그렇게 해서 국제사회 앞에 동아시아의 병부(病夫)라는 초라한 실상을 보여주기에 이르렀다.

1876년 청의 동치제(同治帝)는 또 한 차례의 굴욕을 겪어야 했다. 그때까지 청대 이전에 중국에 조공을 바치는 주변국에서 온 사신들이나, 청대 이후 유럽에서 온 외교관들이 청 황제를 알현하려면 삼궤구고(三跪九叩)라는 예의를 갖추어야 했다. 황제 앞에서 한 번 무릎을 꿇을 때마다 세 차례 이마를 땅에 조아리는 행동을 세 번 해서 모두 아홉 차례 이마를 바닥에 두드린 다음에야 황제에게 편지를 올릴 수 있었던 것이다. 그러나 아편전쟁을 통해 청의 실력이 드러나자 유럽 외교관들은 이 삼궤구고를 갖추기를 거부했고, 마침내 동치제는 허리만 살짝 황제를 향해 구부리는 국궁(鞠躬)만 하도록 굴욕적인 양보를 하지 않을 수 없었다.

중화인민공화국을 건국한 마오쩌둥이 이끄는 중국공산당은 그런 청 이전의 중국을 '구(舊) 중국'이라는 이름으로 정리했다. 그리고 1949년 10월 1일 중화인민공화국 정부의 수립을 선포하면서 이 중국이 '신(新) 중국'이라고 명명했으며, "이제 우리 인민들이 일어섰다."고 선언했다. 영국과 프랑스를 비롯한 유럽 여러 나라들의 중국 침공을 제국(帝國)주의, 패권(覇權)주의로 정의했고, 그런 유럽 제국의 패권주의를 미국과 일본도 배워서 중국을 침공했다고 비난했다.

1949년부터 76년까지 27년간 중국을 통치한 마오쩌둥의 세계전략은 초영간미(超英赶美)라는 전략이었다. 언제든 영국을 넘어서고, 미국과 한판 붙는다는 개념이었다. 마오는 자신의 그런 생각을 너무 성급하게 달성하기 위해 1960년대 초에 대약진운동이라는 쾌속 경제발전 캠페인을 펼쳤다. 조기에 강철 생산량이 영국의 생산량을 넘어서게 하겠다면서 시골 마을마다 용광로를 설치하게 해서 강철 생산을 독려했으나, 코크스가 아닌 산의 나무를 베어 만든 목탄으로 강철을 생산한다는 것은 말이 되지 않는 무리수였다. 결국 중국의 산들에서는 수많은 삼림이 사라졌고, 인민들은 솥뚜껑이나 수저를 녹여 뭉쳐서 당국에 바치는 웃지 못할 비극이 중국 전역에서 벌어졌다. 능력에 따라 일하고, 필요에 따라 분배받는다는 정신에 따라 조직된 중국 전역의 인민공사(人民公社)에서는 생산량의 급감으로 2000만명이 넘는 아사자가 발생했다.

1978년 개혁개방을 시작한 덩샤오핑은 우선 초영간미라는 마오의 세계전략부터 폐기했다. 영국, 미국과 언제든 한판 붙는다는 전략을 화평발전이라는 현실적인 전략으로 전환했다. 인민해방군의 숫자를 대폭 줄이고 군사비를 경제건설에 투입하기 시작했으며, 자신은 미국과 유럽의 투자를 유치하기 위해 일본을 방문해 신간센 타는 모습을 전 세계에 보여주는가 하면, 미국을 방문해 서부의 카우보이들이 쓰는 챙 넓은 모자를 쓰고 웃는 모습을 사람들에게 보여주었다.

화평발전에서 화평굴기로 전환

1980년대부터 시작된 중국의 경제발전은 그렇게 해서 자리를 잡아나갔고, 덩샤오핑은 중국 인민들에게 '하나의 중심, 두 개의 기본점'이라는 말로 인민들에게 명확한 목표를 제시했다. '하나의 중심'이란 무엇보다도 중요한 것이 경제발전이라는 것이었고, 마오쩌둥 사상이라든지, 마르크스레닌주의라든지 사회주의 원칙 같은 것은 경제발전 다음으로 고려해야 할 사항이라고 정리해주었다. 지난 34년간 이뤄진 중국의 빠른 경제발전은 덩샤오핑이 제시한 그런 전략구상에 따라 이뤄진 것이었다.

덩샤오핑은 2020년까지는 중국이 오로지 경제발전에 매진해 중산층이 많아지는 소강사회를 이룰 것을 주문하고 1997년 세상을 떠났다. 그로부터 5년, 2002년에 당총서기에 오른 후진타오 국가주석은 자신을 후계자로 일찌감치 지목한 덩샤오핑이 제시한 세계전략인 화평발전을 화평굴기로 슬쩍 바꾸었다.

미국과 유럽이 중국을 의심스러운 눈으로 보기 시작한 것은 바로 화평발전이란 중국의 국가전략이 어느새 화평굴기라는 말로 바뀌면서부터 본격화됐다. 그러더니 어느새 남사군도에서 해저 천연가스 등 자원을 놓고 필리핀, 베트남, 말레이시아, 타이완 등과 티격태격 영토분쟁을 벌이는가 하면, 동중국해에서는 댜오위다오(釣魚島)를 놓고 일본과 해저 암초인 이어도를 놓고 한국 경제수역에 감시선을 파견하는 등 제국주의적이며 패권을 추구하는 행동을 보이고 있다.

중국 정부는 관영 신화통신을 통해 '미래 10년 중국의 신 주변국 전략'이라는 것을 발표하면서 인근 해역에서의 주변국과의 영해분쟁은 대화를 통해 해결한다는 원칙을 제시했다. 그러더니 필리핀과의 황옌다오(黃岩島·스카보로우 아일랜드) 분쟁 과정에서 인민일보, 환구시보, 해방군보를 비롯한 중국 관영매체들은 "전쟁을 불사하라."는 촉구를 군부에 보내는 거친 모습을 보여주었다.

1978년 개혁과 개방을 시작한 지 30여년 지난 시점에 중국의 GDP

는 아직 전 세계 GDP의 8% 남짓한 상황이었다. 그런데도 중국은 얼마 되지 않은 과거를 까맣게 잊은 듯 제국주의적이고 패권적인 모습을 보여주었다. 과거 1820년대 청이 보유한 국부의 3분의 1에도 미치지 못하는 경제력을 쌓고는 벌써 자만하는 모습을 보여준 것이다.

보시라이 사건,
중국 권력 판도라상자 여나

성(省)당서기장의 성장 우선 정책에 제동 걸릴까

중국에서 황사가 불어오는 계절에 황사보다 더 짙고 성분을 알 수 없는 정치적 사건, 보시라이(薄熙來) 사건을 둘러싼 각종 소문과 풍문들이 2012년 초에 한반도로 날아왔다. 보시라이 사건이 지니고 있는 파괴력은 그가 '북방의 홍콩'이라고 중국이 자부하는 다롄(大連)시의 시장과 당서기, 국영기업이 몰려 있는 랴오닝성 성장과 당서기, 그리고 대외 무역과 투자를 총괄하는 상무부장(장관)을 거쳐 인구 3000만이 넘는 충칭시의 당서기를 하고 있던 거물이라는 점 때문만이 아니다.

그의 아버지 보이보(薄一波)는 국가경제위원회와 국가건설위원회 주임을 지낸 경제전문가이자 덩샤오핑의 절친한 친구로, 덩샤오핑이

1978년 개혁개방 정책에 착수할 때 경제문제에 관한 한 가장 중요한 자문을 해준 인물이었다. 그런 아버지를 둔 보시라이가 처단 당한다는 것은 곧 1978년 이래 중국의 빠른 경제발전을 가지고온 추진력인 개혁개방 정책의 운명이 어떤 상황에 빠질지 모른다는 심각한 불안감을 중국 안팎에 던져 주었다.

더구나 중국은 다른 나라들과는 달리 정치를 담당하는 중국공산당이 곧 중국 경제정책의 기조를 결정해온 특성을 지니고 있기 때문에, 과거의 정치 혼란 때도 마찬가지였지만 보시라이 사건을 둘러싼 중국 국내정치의 혼란이 곧바로 중국경제의 혼란으로 연결되지 않을까 하는 우려를 국제사회에 던져 주었다.

보시라이 사건을 놓고 후진타오 국가주석 겸 당 총서기와 원자바오 총리가 장쩌민 전 국가주석 겸 당 총서기 세력과 충돌하고 있다느니, 사회 치안과 국내 사찰을 총괄하는 저우융캉 정치국 상무위원의 목이 날아갈 것이라는 소문도 있었다. 뿐만 아니라 인민해방군 내에 보시라이 사건을 둘러싼 내부조사가 진행 중이라는 소문도 있고, 2012년 10월에 이루어지는 시진핑 국가부주석과 리커창 상무 부총리 체제로의 권력교체에도 보시라이 사건이 커다란 영향을 미칠 것이라는 등 중국 권력 깊숙한 곳에서 마치 판도라의 상자가 열린 듯 각종 루머가 난무했다.

2012년 2월 6일 충칭시 부시장 겸 공안국장으로 보시라이 시장의 오른팔이었던 왕리쥔(王立軍)이라는 인물이 쓰촨성 성도(省都) 청두에 있는 미국 총영사관으로 뛰어 들어가 망명을 기도한 돌발사가 벌어졌다. 3월 14일 베이징에서 개막 중이던 전국인민대표대회를 계기로 국정을 설명하기 위한 내외신 기자 회견에 나온 원자바오 총리가 보시라이의 처벌을 내비쳤고, 다음날 보시라이는 중국공산당 중앙의 결정에 따라 충칭시 관련 지방 당직에서 해임됐다.

보시라이는 이어서 4월 10일에는 당 중앙 정치국원직과 중앙위원 자리에서 축출됐으며, 영국 정보기관 MI6 소속으로 보이는 영국인 살해 혐의를 받고 있는 부인과 함께 사법처리와 조사의 대상이 됐다.

중국에서는 마오쩌둥을 비롯한 혁명 1세대가 국민당과의 내전에서 승리해서 1949년 10월 1일 중화인민공화국 정부를 수립한 이래, 통치권을 둘러싼 권력투쟁 사건이 많았다. 1978년 덩샤오핑이 리드하는 개혁과 개방의 시대가 시작된 이후에도 마찬가지였다.

천시퉁(陳希同) 베이징 시장과 천량위(陳亮宇) 상하이 시장이 각각 제3세대 장쩌민 전 국가주석 겸 당 총서기 정권과 제4세대 후진타오 정권이 자리를 잡는 과정에서, 부당하고 파렴치한 축재와 여성 편력 문제로 하루아침에 사법처리의 대상이 되면서 패가망신하고 여론의 칼질을 당해 잊혀진 인물로 사라져 간 기록을 남겼다. 그런 큰 흐름에서 보시라이 사건은 2012년 가을에 출범하는 시진핑-리커창 체제의 출범을 앞두고 이 두 사람보다 먼저 떠올랐던 보시라이라는 스타를 제거하고 정리하는 과정일지도 모른다는 추측이 나돌게 만들었다.

한국의 미디어들과 세계의 유수한 미디어들이 보시라이 사건을 파헤치고 있는 것이 아니라, 자기네 매체들에게 일체의 권력 비판과 불리한 사실 보도를 허용하지 않고, 근본적으로 언론자유를 인정하지 않는 중국공산당 지도부가 내외의 미디어를 활용해서 보시라이 정리 작업을 하는 과정이었는지 모른다. 과거 1989년 천안문 사건 와중에서 상하이시 당서기 겸 시장에서 일약 중앙당 총서기로 발탁된 장쩌민의 권력을 안정화시키는 데 희생양이 된 천시퉁과, 티베트 당서기에서 일약 중앙당 총서기로 내정된 후진타오 당총서기의 권력을 안정시키기 위해 희생양이 된 천량위 사건 때도 수많은 외국 미디어들이 중국 공산당 자체가 흔들린다는 보도를 엄청나게 했다. 하지만 결국 천시퉁과 천량위가 깨끗하게 제거되는 전례를 남겼을 뿐, 중국공산당 자체는 건재했다.

중국공산당은 2010년 가을에 열린 제17기 중앙위원회 5차 전체회의에서 그동안 양적 팽창을 거듭해오던 중국경제의 성장방식을 질적 성장으로 전환해서 포용적 성장을 하겠다는 당론을 결정한 바 있다. 이 결정에 따라 중국경제는 2011년 3월에 시작된 제12차 5개년 계획 기간 동안 성장 목표를 2011년은 연간 8%로, 2012년부터는 7%대의 성장을 목표로 하기로 설정됐다. 2012년의 경우 원자바오 총리가 3월 초의 전국인민대표대회에서 밝힌 것처럼 7.5%의 성장이 목표인 것으로 제시됐다.

미국과 유럽, 그리고 우리와 일본을 포함한 자본주의 국가들의 경제 성장률은 대체로 연초에 정부가 제시한 목표선 이하에서 결정되는 것이 일반적이다. 그러나 중국경제의 특성 가운데 중요한 일면은 연초에 전국인민대표대회에서 총리가 발표한 성장률 목표를 훨씬 능가하는 성장률 성적이 연말에 달성된다는 점이다. 이유는 웬만한 한 국가의 인구와 면적을 보유하고 있는 지방의 성(省)을 담당하고 있는 당서기와 성장들이 자신들의 출세를 위한 가장 중요한 수단을, 자신이 담당하고 있는 성의 GDP 성장률로 잡고 있기 때문이다.

당원수 8000만명으로, 세계 최대의 정당임을 자부하는 중국공산당에서 정치적 생존을 위해서는, 불과 9명으로 구성된 정치국 상무위원단을 향해 수직 상승을 할 수밖에 없는 운명을 지닌 중국공산당 간부들이 너도나도 GDP 성장률에만 매달리는 패러다임이 바뀌지 않는 한 중국경제라는 기관차는 계속해서 과속 질주를 하지 않을 수 없는 구조를 갖고 있다.

중국경제가 안고 있는 더 큰 문제는, 바로 경제에 대한 이해가 깊지 못한 중국공산당 간부들이 중국경제의 방향타를 쥐고 있으며, 비민주적인 의사결정구조를 갖고 있는 중국공산당이 간부 자신들의 생존을 위해서는, 마치 달려야 쓰러지지 않는 자전거처럼 중국경제를 발전시켜야 하고, 그래야 중국공산당 자체의 존속도 가능하다고 믿고 있는 체제 자체에 있다고 해야 할 것이다. 개혁과 개방의 시대를 이끈 덩샤오핑의 가장 친한 친구이자, 경제 자문역이었던 보이보를 아버지로 둔 보시라이가 자신의 출세를 위해 아버지의 노선과는 정반대의 문화혁명식 '창홍타흑'(唱紅打黑·마오시대의 붉은 이데올로기를 선양하고 홍위병식으로 부패를 뿌리뽑는다)을 자신의 정치적 업적으로 삼으려 했다는 점이 바로 비극의 출발점이었을 것이다.

과거 1970~80년대에 한국이 확대 지향의 나라였던 것처럼, 중국도 지금 확대 일변도로 달려가고 있는 나라라고 할 수 있다. 중국은 과연 언제까지 확대지향의 나라일 수 있을지, 보시라이 사건을 계기로 우리 경제계는 보다 긴 안목으로 중국경제를 조망해보는 기회를 가지게 됐다.

보시라이 낙마로 본
중국 권력투쟁 막전막후

분배가 먼저냐 성장이 먼저냐, 경제발전 속도와 질 놓고 대충돌

중국 사회의 내부는 지금 지속적인 개혁을 주장하는 흐름과, 개혁에 반대하는 흐름이 빚어내는 갈등으로 몸살을 앓고 있다. 몸살이 본격적인 질병의 전주곡이 될지, 본격적인 질병으로 발전하기 전에 잡힐지는 알 수 없지만, 예사로운 몸살은 아닌 것으로 감지된다.

2012년 2월 6일 인구 3000만이 넘는 중국 최대의 특별시 충칭시의 부시장이 돌연 쓰촨성의 성도 청두시 주재 미국 영사관에 망명을 요청하기 위해 진입했다. 왕리쥔이라는 이름의 이 부시장은 중국 경찰 차량 70여대가 미국 영사관을 봉쇄하자 영사관 밖으로 나와 베이징으로 압송됐다. 3월 5일 베이징 인민대회당에서 개막된 전국인민대표대회(전인대)에서 원자바오 총리는 정부공작보고를 하면서 개혁이라는 단

어를 70여 차례나 언급해 주목을 받았다. 3월 15일 전인대 폐막 기자
회견에 나온 원자바오는 개혁에 나서지 않으면 또다시 문화대혁명을
겪게 될 것이라는 말을 해 세계를 놀라게 했다. 그는 왕리쥔 사건에 대
한 질문을 받자 "충칭시 간부들 모두가 반성해야 할 것이며 사건은 철
저히 조사하고 있으니 인민들이 곧 알게 될 것"이라고 말했고, 다음날
충칭시 당위원회 서기 보시라이는 충칭시 관련 직위에서 해임됐다.

중국 사회와 권력구조 내부에서는 무슨 일이 벌어진 것일까. 2012
년 2월 23일 중국공산당 기관지 인민일보에는 '심화개혁 인식론 ①'이
라는 시리즈 논평의 첫 번째 글이 실렸다. 제목은 '필요한 것은 불평도
위기도 아니다(寧要微詞 不要危機)'였다.

"1978년 이후 지금에 이르러 중국의 개혁은 마치 배가 강의 중류에
이르러 떠가고 있는 것과 같은 모습이다. 강폭은 넓어졌고, 파도는 더
욱 거칠어져 배를 뒤흔들고 있다. … 개혁에는 위험이 뒤따르지만 개
혁을 하지 않으면 당이 위험해질 것이다. … 민의에 귀를 기울이고, 소
문을 따라다니지 말라. … "

인민일보가 근래 들어 가장 의미심장한 내용의 논평을 싣기 사흘 전
인 2월 20일 관영 신화통신은 '덩샤오핑 남방담화 발표 20주년을 기념
하는 글'을 타전했다.

"20년 전의 봄날, 복잡한 국내외 형세 아래에서 세기의 위인 덩샤오
핑은 35일간의 남국 여행을 통해 화하(華夏·중국의 별칭) 대지에 무
한한 생기와 활력을 가져다 준 봄바람을 불게 했다. … 1992년 1월 18

일에서 2월 21일까지 덩샤오핑이 탄 열차는 우창에서 선전으로, 주하이에서 상하이로 달렸다. 당시 88세의 고령이던 덩샤오핑은 현지를 돌아보던 중 이렇게 말했다. 사회주의도 시장경제를 할 수 있다.…"

인민일보와 신화통신의 의미심장한 논평은 20년 전인 1992년 덩샤오핑이 중국 남부의 경제특구 도시들을 돌면서 무엇을 망설이느냐, 기회를 잡았을 때 발전해나가자고 촉구한, 이른바 남순강화(南巡講話)를 계기로 게재한 것이었다. 덩샤오핑이 주도한 개혁개방의 시대는 1978년 12월부터 시작됐지만, 개혁이 10여 년 진행되는 동안 중국 사회 내부에서는 당시 중국공산당 최고의 경제전문가 천윈을 비롯한 보수파들이 지나치게 빠른 경제성장은 사회주의의 기본을 위태롭게 만든다고 경고했다.

이들이 개혁과 경제발전의 템포를 늦출 것을 요구하는 흐름이 생겨 개혁이 위기를 맞고 있었던 것이다. 당시 88세의 덩샤오핑은 이미 상하이시 당서기 출신의 장쩌민에게 당 총서기 자리를 넘겨주고 은퇴한 입장이었다. 하지만 천윈을 비롯한 보수파들의 견제에 장쩌민의 정치적 입지가 흔들리고 중국 경제발전의 원동력이 흔들릴 위기에 처하자, 노구를 이끌고 경제발전의 수혜지역이던 중국 남부의 경제특구 도시들을 돌면서 빠른 경제발전을 지속해야 한다는 주장을 펼쳐 베이징의 보수파들을 압도한 것이 바로 남순강화라는 사건이었다.

인민일보와 신화통신의 논평은 중국 정치와 사회의 내부에서 1992년의 남순강화 당시와 비슷한 분위기가 이미 형성되었음을 알게 해 주는 내용을 담고 있다. 개혁에는 위험이 뒤따르지만 개혁을 하지 않으면 당이 위험해진다고 주장하는 인민일보의 논평이나, 덩샤오핑은 발전이 당연한 도리라고 말했지만 지금은 '지속적인 발전이 당연한 도리'라고 말해야 한다는 신화통신의 논평은 모두 지속적인 개혁을 지지한다는 논리를 펼치고 있다. 현 중국 사회 내부에서 형성되고 있는 반(反) 개혁의 흐름을 겨냥해 공격의 화살을 날린 것이다.

그렇다면 현 중국 사회 내부에서 누가 지속적인 개혁을 주장하고 있고, 누가 개혁에 반대하는 흐름을 형성하고 있을까. 도대체 충칭시 당 서기에서 해임된 보시라이는 어느 편에 서 있다가 목이 잘린 것일까.

이와 관련, 보시라이가 2012년 3월 9일 베이징 인민대회당에서 충칭시 인민대표들과 함께 가진 기자회견에서 한 말에 주목할 필요가 있다. 후진타오 당 총서기와 원자바오 총리 체제 아래에서의 마지막 전국인민대표대회가 개막한 인민대회당에 보시라이는 아무 일도 없었던 듯 나타나 "사회주의의 최대의 우월성은 공동 부유를 창출하는 것"이라는 평소의 주장을 설명했다.

"만약 소수인들만 부유해지는 자본주의로 굴러 떨어진다면 우리는 실패하는 것입니다. 빈부격차를 축소하고, 공동 부유를 실현하는 것이 충칭시 정부 시정 강령의 중요한 기둥이고 기본 목표입니다. 마르크스는 공동 부유를 생산하는 것이 새로운 사회의 목표라고 말했으며, 엥겔스도 사회주의 공평분배에 대해 말하면서 어떤 실현방식을 채택하든 공동 부유라는 흐름에서 멀어져서는 안 된다고 강조했습니다. 마오

주석은 건국 초기에 사회주의를 건설하는 목적은 모두에게 할 일이 있고, 먹을 것이 있으며, 모두가 공동 부유해지는 것이라고 말했습니다. 덩샤오핑 동지도 전국 인민들이 공동으로 부유해져야지, 빈부 양극으로 분화해가서는 안 된다고 했습니다. 사회주의 체세 최내의 우월성은 공동 부유에 있으며, 이것이 바로 사회주의의 본질이라고 말했습니다.…"

같은 날 저녁 개혁개방의 발원지인 광둥성 인민대표들과 함께 내외신 기자회견에 나선 왕양 광둥성 당서기는 "급히 공을 다투기 위해 단기적인 이익을 구하는 데 몰두한다면, 경제발전 방식의 전환을 하기에 쉽지 않은 병목현상들과 만나게 될 것"이라고 했다. "경제발전의 단기 효과에 집착하지 말고 지속가능한 성장과 종합국력의 상승이라는 목표에 따라 발전을 지속해나가자"고도 했다. 왕양은 성장의 지속을 강조하는 광둥모델의 지지자로서 정치 개혁에 대해서도 언급하면서 중국의 개혁은 기득권자들의 반대에 가로막혀 있다는 말도 했다.

보시라이와 왕양은 중국 사회 내부가 그 해 가을의 권력구조 교체를 앞두고 충칭 모델과 광둥 모델, 다시 말해 경제발전의 속도를 다소 떨어뜨리고 질적인 성장을 추구해야 한다는 주장과, 지속적이고 빠른 경제발전을 주장하는 흐름 사이의 갈등, 마오쩌둥 시대의 평등사회적 요소를 도입하자는 좌적(左的)인 주장과 덩샤오핑의 개혁이론에 보다 충실하자는 우적(右的)인 주장 사이의 갈등을 대변한 셈이었다. 또한 분배를 중시하는 공부론(共富論)과 성장을 중시하는 선부론(先富論) 사이의 갈등이기도 하다.

　보시라이 사건은 2012년 가을 중국공산당이 후진타오-원자바오 체제에서 시진핑-리커창 체제로의 교체를 앞두고 발생했다는 점에 주목해야 할 것이다. 보시라이의 비극은 그가 그의 아버지 보이보가 개혁·개방의 총설계사 덩샤오핑의 가장 절친한 친구 겸 지지자였음에도 덩샤오핑 이론의 핵심을 부정하는 충칭 모델의 상징적 인물이었던 점에 있다고 할 것이다. 문제는 보시라이의 개인적 정치 운명이 아니다. 중국 사회 전체가 개혁과 반개혁으로 나뉘어 몸살을 앓는다면, 세계 2위의 규모를 자랑하는 중국경제는 앞으로 또 어떤 몸살을 앓게 될 것인지 주목의 대상이 아닐 수 없다.

미국 방문한 시진핑의 워딩을 통해 본 中·美 관계

"길이 어디 있느냐고 묻지 마라, 길은 바로 너의 발 아래 있다."
미국이 지는 해가 될 수 있음을 시사

시진핑 중국 국가 부주석이 2012년 2월 17일까지 5일간 이어진 미국 방문 기간 중 남긴 말 가운데 가장 함축적인 말은 "길이 어디 있느냐고 묻지 마라, 길은 바로 너의 발 아래 있다(敢問路在何方 路在脚下)."는 말이었을 것이다. 시진핑은 그해 2월 14일(현지시간) 힐러리 클린턴 국무장관과 조지프 바이든 부통령이 준비한 오찬에 참석해 앞으로 그 해 말부터 펼쳐질 자신의 시대에 중국과 미국의 관계가 어떤 모양일 것인가를 설명하면서 그런 말을 했다.

"중국은 세계 최대의 발전도상국이고, 미국은 세계 최대의 선진국입니다. 앞으로 미국과 중국이 새로운 협력 동반자 관계를 건설하는 것은 중요하면서도 심원한 의의가 있는 창조적 작업이 될 것입니다. 그

작업에는 참고할 선례도 없고, 거울로 삼을 경험도 없습니다. 두 나라에게는 덩샤오핑이 한 '돌다리도 두드리면서 건너라'는 말과 클린턴 국무장관이 한 '산이 가로막으면 길을 뚫고, 물이 가로막으면 다리를 놓으라'는 말이 있을 뿐입니다. 중국의 유행가 가사에 이런 구절이 있습니다. 길이 어디 있느냐고 묻지 마라, 길은 바로 너의 발 아래 있다…"

시진핑이 인용한 유행가 가사는 장다웨이란 가수가 부른 '서유기'라는 곡의 일부였다. "너는 짐을 지고, 나는 말을 타고/ 지는 해에 인사하고, 황혼을 환영하며/ 길 위에서 자고 다시 떠나네/ 우리는 다시 떠나네/ 계절은 봄 여름 가을 겨울 차례로 바뀌고/ 또 다시 바뀌고, 세월은 흘러가네/ 길이 어디 있느냐고 묻지를 마라/ 길은 바로 너의 발 아래에 있으니까…"

시진핑이 오찬 연설을 하는 연단 바로 옆에 서 있던 클린턴 장관이나 바이든 부통령이 그 노래의 가사를 알고 있었더라면 가슴이 섬뜩했을 것이다. 사람 좋은 웃음을 흘리는, 넉넉한 풍채의 시진핑이 "길이 어디 있느냐고 묻지를 마라, 길은 바로 너의 발 아래 있으니까"라고 한 가사는 '시간이란 흐르는 것이고, 시간이 흐르면 계절은 바뀌는 것이며, 그런 것처럼 중국과 미국의 위상도 변하는 것이며, 서로의 위상이 변하더라도 길은 걸어가야 하는 것'이라는 뜻을 지니고 있다. 특히 지는 해와 황혼이 다가오는 광경, 다시 말해 미국이 지는 해가 될 수 있음을 묘사하고 있다는 사실을 알았으면 클린턴과 바이든은 좀 더 다른 표정을 지어야 했을 것이다.

시진핑은 2012년 10월 개최된 중국공산당 제18차 전국대표대회(전당대회)에서 후진타오 총서기의 후임자로 당원이 8000만 명이 넘는 세계 최대 정당의 당권을 장악했다. 다시 2013년 3월에 열린 전국인민대표대회에서는 역시 후진타오의 후임 국가주석에 올랐고, 중국공산당과 국무원의 군사위원회 주석 자리도 후진타오로부터 물려받아 명실공히 당정군(黨政軍)을 모두 장악하는 새로운 지도자가 돼 이후 5~10년간 중국을 이끌어나가게 됐다.

"길이 어디 있느냐고 묻지 마라, 길은 바로 너의 발 아래 있으니까"라고 한 그의 연설은 그의 위상에 걸맞은 의미심장한 내용이라는 평가를 내리지 않을 수 없다. 현재도 중국은 발전도상국가임에 틀림없고, 미국은 여전히 세계 최대의 선진국이지만 두 나라 관계의 변화는 이미 시작됐고, 앞으로 미국이 걸어가는 길 앞에는 황혼이 올 수 있으며, 그러다보면 계절도 바뀌리라는 것을 시진핑은 노래에 비유해 암시한 것이다.

시진핑이 자신의 시대에 전개될 중국과 미국의 위상 변화를 암시한 길이 어디 있느냐고 묻지를 마라고 한 말 앞에 인용한 덩샤오핑이 한 "돌다리도 두드려보고 건너라"는 말은 덩샤오핑이 1980년대 초에 빠른 경제 발전을 목표로 한 개혁개방을 시작하면서 당과 정부의 지도자들에게 당부한 말로, 정확히는 "강바닥의 돌을 만져봐 가면서 강을 건너라(摸着石頭過河)"는 말이었다.

우리는 물살 빠른 강을 맨발로 건너면서 이끼 낀 돌이 미끄러워 손이나 발로 돌을 만져가면서 건너본 경험을 갖고 있다. 1949년 중화인민공화국을 건설한 마오쩌둥이 이끈 중국이 1970년까지 택한 국가전략은 초영간미(超英赶美: 빠른 시간 내에 영국을 넘어서고 미국을 따라잡는다)라는 것이었다. 마오는 1949년부터 1950년대 말까지 소련의 도움으로 비교적 성공적으로 추진된 중공업 건설에 대한 자신감을 바탕으로 1960년대 초부터는 이른바 강철 생산량도 단기간에 미국과 영국 등 선진국을 추격하는 수준을 만드는 것을 목표로 한 대약진운동이라는 무리수를 두었고, 강철 생산을 위한 제강 공장을 건설하는 대신 마을마다 전통적인 용광로를 건설하는 군중주의를 채택해 중국경제를 나락에 빠뜨렸다.

그 대약진운동의 무리수를 둔 정치적 책임을 회피하기 위해 다시 문화대혁명이라는 과도한 정치투쟁을 벌이다가 1976년 9월 자연적 수명이 다해 중국의 지휘권을 놓음으로써 중국은 덩샤오핑의 시대를 맞게 됐다.

덩샤오핑이 한 강바닥의 돌을 만져가면서 강을 건너라는 말은 마오쩌둥이 둔 무리한 속도의 경제발전이 전국을 재앙으로 몰아넣는 것을 보고 경험한 중국 지도자들에게는 귀가 번쩍 뜨이는 경구가 됐고, 지난 30여년간의 개혁개방 정책의 결과 빠른 경제발전이라는 소득을 거두면서도 중국 지도자들의 마음 속에는 이끼 낀 강바닥의 돌을 만져가면서 강을 건너라는 덩샤오핑의 목소리가 가슴 한 구석에 자리 잡고 있었다.

그러나 이제 중국은 지난 34년간의 그런 조심스러운 자세를 벗어던지고 미국에 대해 길이 어디 있느냐고 묻지를 마라, 길은 바로 너의 발 아래에 있으니까라고 말하고 있다. 힐러리 클린턴 장관의 산이 가로막으면 길을 뚫고, 강이 가로막으면 다리를 놓으라는 말은 2008년 말 시작된 미국발 금융위기 이후 미국의 처지를 잘 표현한 것이다. 2009년 중국을 처음 방문한 힐러리 클린턴은 중국 지도자들에게 세계적인 경제위기와 안보위기를 해결하기 위해 중국이 미국과 함께 동주공제(同舟共濟), 즉 같은 배를 타고 강을 건너자는 제의를 했다. 이에 대해 후진타오와 원자바오 총리 등 중국 지도자들은 휴수공진(携手共進), 다시 말해 함께 손을 잡고 나아가자고 호응했다.

2012년 말 중국의 지휘권을 쥐게 된 시진핑이 말한 "길이 어디 있느냐고 묻지 마라, 길은 너의 발 아래 있다"는 구절은 앞으로 미국과 중국의 관계가 또 다른 새로운 단계로 바뀔 것으로 본다는 시진핑의 견해를 담고 있다. 시진핑의 그런 희망이 현재도 2대 1 정도인 미국과 중국의 GDP 규모를 제대로 반영한 것인지에 대한 판단과는 별개라고 할 수 있다. 지난 30년 넘게 빠른 속도로 달려온 중국경제 내부에도 여러 가지 문제가 발생하고 있는 상황이므로 앞으로 시진핑의 호기가 얼마나 현실과 부합할지를 지켜보는 것은 흥미로운 일이 아닐 수 없다.

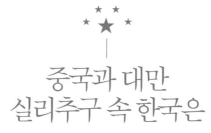

중국과 대만
실리추구 속 한국은

한국·대만 관계 단절시켜 놓고, 중국은 경제 실익 열매따기 분주

"우리는 대만 지역의 지도자 선거와 민의 대표 선거 결과에 주목하고 있다. 지난 4년은 양안 관계의 평화와 발전이 정확한 길이며, 대만 동포들의 지지를 받고 있다는 점을 다시 증명해주었다. … 우리는 대만 독립에 반대하며, 양안 관계가 평화와 발전의 새로운 국면을 열어가기를 희망하고, 양안이 공동으로 노력해서 중화민족의 위대한 부흥을 이루어나가기를 희망한다."

마잉주 대만 총통이 지난 2012년 1월 14일 4년 임기의 재선에 성공하자 중국 대륙의 대만판공실이 당일로 발표한 성명이다. 한마디로 국민당 후보 마잉주의 당선에 만족한다는 뜻이다. 중국 대륙의 정치를 주도하는 중국공산당은 왜 과거 내전 당시에 주적이었던 국민당 후보가 총통선거에서 재선에 성공한 데 대해 환영의 뜻을 밝히고 나선 것일까. 그것은 한마디로 중국공산당의 중화인민공화국이나 국민당의 중화민국이나 마찬가지로 중국대륙 전체를 영토로 간주하는 국토개념을 갖고 있지만, 자이잉원 후보를 내세운 민진당은 대만 섬이 중국대륙에서 분리돼 리퍼블릭 오브 타이완(Republic of Taiwan)으로 독립해야 한다는 대만 독립을 정강에 명시해 놓았기 때문이다. 단기적인 통일정책에서도 국민당은 대륙과의 경제교류 확대를 통한 평화와 안정의 유지를 내세우고 있는 반면, 민진당은 대만이 대륙에서 분리돼 별도의 독립국가를 수립해야 하며 대륙과의 경제교류도 전략적인 고려에 따라 신중히 추진해야 한다는 입장을 견지하고 있다.

중국은 2010년 1년 동안 대만과 1453억 7000만 달러에 달하는 무역거래를 기록했다. 중국은 대만에 296억 8000만 달러 규모를 수출했고, 대만으로부터 1156억 9000만 달러 규모를 수입했다. 중국과 대만의 전체 무역 거래액은 2009년에 비해 36.9% 늘어난 규모였고, 중국의 대만에 대한 수출액은 44.8% 늘어난 규모, 수입액은 35.0% 늘어난 규모였다. 같은 기간 중국은 한국과 1861억 1000만 달러 규모의 무역거래를 했고, 한국에 739억 5000만 달러를 수출하고, 한국으로부터 1121억 6000만 달러를 수입했다.

그럼 여기서 같은 기간의 한국과 대만 무역 거래 현황을 살펴보자. 2010년 한국과 대만의 수출입 규모는 무역협회 통계로 284억 7757만 9000달러였고, 한국은 대만에 148억 3049만 9000달러를 수출하고,

136억 4708만 달러 규모를 수입했다. 2010년 중국은 대만과 1453억 달러가 넘는 규모의 교역을 한 반면, 우리는 대만과 불과 284억 달러 남짓한 교역을 하는 데 그쳤다. 지난 4년 동안 마잉주가 집권하는 동안 중국과 대만의 관계가 어떻게 달라졌는가를 너무나 잘 보여주는 것이 바로 중국과 대만의 무역거래 활성화이다. 마잉주의 대만은 2010년 6월 중국과 사실상의 자유무역협정(FTA)인 ECFA를 체결함으로써 양안 간 경제교류의 폭을 크게 넓혀 놓았다.

대만 총통 선거의 판세를 좀더 자세히 들여다보자. 마잉주가 52%의 득표율을 올려 민진당의 차이잉원 후보에게 신승을 한 가장 주요한 원인은, 전통적으로 민진당 지지 지역인 대만 남부 가오슝 일원의 농촌 지역 민진당 지지표가 예상보다 많지 않았기 때문이다. 그 원인은 중국 대륙의 여행객 증가와 농산물 구매단 때문에 경제적인 이익이 커졌기 때문인 것으로 분석됐다. 중국 남부 농민들의 호주머니가 중국과 대만의 경제교류 확대로 형편이 나아지자, 중국으로부터의 분리 독립을 주장하는 민진당에 대한 지지에서 이탈해 중국과의 경제교류 확대를 주장하는 국민당 마잉주 후보에 대한 지지로 돌아선 것이다.

1992년 8월의 한·중 수교 이전과 이후의 상황을 되새겨 보자. 20년 전의 한·중 수교는 왜 이뤄진 것일까. 당시 노태우 대통령이 이끄는 한국은 베이징을 거쳐 평양으로 다가가 통일을 이룬다는 이른바 북방 정책에 따라 중국과의 수교를 추진했다. 반면 덩샤오핑이 이끄는 중국은 당시 열악한 경제상황을 타개하기 위해 대만, 홍콩, 싱가포르와 함께 이른바 사소룡(四小龍·네 마리의 작은 용)으로 불리던 한국과의 수교를 추진했다. 당시 수교를 추진한 주역이었던 첸치천 중국 외교부장이 나중에 쓴《외교십기(外交十記)》에 따르면, 덩샤오핑은 한국과 수교하는 것은 두 가지의 이익이 있으며, 하나는 경제발전에 도움이 될 것이며, 한국과 대만의 관계를 단절함으로써 중국의 통일에 도움이 될 것이라면서 첸치천에게 빨리 한국과의 외교관계를 수립하라고 재촉했다는 것이다.

중국은 한국과 수교하면서 하나의 중국 원칙을 한국이 받아들일 것을 필수조건으로 내걸었고, 한국은 중국과 수교하기 위해 활발한 경제교류의 대상국이던 대만과 외교관계를 단절하고 경제교류는 축소됐다. 그런데 20년이 지난 지금 중국은 막상 대만과 2010년 현재 한·대만 교역의 5.1배가 넘는 교역을 하고 있고, 인적교류도 2010년 대만에서 중국으로 514만 명이 방문하고, 중국 공민들도 166만 명이 대만을 방문하고 있다. 같은 기간 한국에서는 284만 명이 중국을 방문하고, 중국에서 한국으로 205만 명이 방문했다.

중국과 대만 사이에 680만 명의 인적교류가 이뤄지는 동안, 한국과 중국 사이에는 그보다 훨씬 적은 493만 명의 인적교류가 이뤄졌다.

이쯤 되면 우리는 20년 전의 한·중 수교 때 덩샤오핑의 전술이 정확히 들어맞았다는 것을 알 수 있다. 거꾸로 말하면 한국은 한·중 수교 당시 대만과의 관계를 단절한 뒤 대만과의 관계를 회복하는 데 실패하는 전략적 오류를 범했다고 말할 수 있다. 중국으로서는 당시 같은 사소룡(4小龍)으로서 서로 활발한 경제교류와 국제정치적 협력을 하던 한국과 대만의 관계를 단절시켜 놓은 뒤 그 자리에 자신들이 들어서 중국과 대만과의 관계 개선을 적극 추진함으로써 경제발전의 활력소도 확보하고, 국제정치적으로 한국과 대만이 협력해 중국을 견제하는 힘을 차단하는 이중의 이익을 확보한 셈이 되는 것이다.

중국은 1996년 총통 선거 때는 대만 독립을 주장하는 민진당 후보가 당선되는 상황을 막기 위해 선거를 불과 며칠 앞두고 대만 섬 주변 네 개의 해상 좌표에 대한 미사일 공격을 감행했고, 그 결과 대만 국민들의 반감을 사서 민진당 후보에 대한 지지가 예상보다 높아지는 결과를 낳는 실수를 했었다. 그러나 이번에는 미사일 대신 민진당 후보에 대한 지지가 높은 대만 남부의 농촌지역에 농산물 구매단을 보내는 이른바 '위안화 미사일'을 발사함으로써 마잉주를 당선시키는 지혜를 발휘했다.

우리 정부는 더 이상 중국이 20여 년 전에 우리와 대만의 관계를 단절시켜 놓고는, 막상 자신들은 대만과의 접근책을 구사함으로써 경제교류와 인적교류의 확대에서 오는 열매를 즐기고 있는 상황을 방치해서는 안 될 것이다. 우리 정부에도 전략이라는 것이 있다면 하루 빨리 작년에만 10.8%라는 높은 경제성장률을 기록한 대만 경제에 대한 접근책을 마련해야 한다. 중국이 말하는 '하나의 중국' 원칙이란 어디까지나 정치적인 개념임을 잘 이해해야 할 것이다.

중국과 미국의
동상이몽

G2 태평양 패권전략 놓고 신경전

지 난 2011년 10월 15일부터 18일까지 개최된 중국공산당 제17기 중앙위원회 6차 전체회의는 5년마다 한 번씩 개최되는 전당대회를 이듬해 하반기에 개최하기로 결의했다. 이 전당대회는 후진타오 국가주석과 원자바오 총리를 핵심으로 하는 지도체제가 10년간 행사해온 리더십을 시진핑 당시 국가부주석을 핵심으로 하는 새로운 지도체제에 넘겨주는 중대한 의식을 치르기로 한 대회였다. 새로운 지도체제의 국무원 총리에는 리커창 경제담당 부총리가 내정돼 있으나, 계속되고 있는 소비자 물가 폭등에 제대로 대처하지 못해 그의 정치적 입지가 흔들리고 있다는 관측이 중국 안팎에서 잇달아 전해지고 있었다.

리커창 총리 내정자의 대타로는 왕치산 부총리가 거론되고 있으며,

직전에 단행된 은감회(銀監會·중국은행업감독관리위원회), 보감회 (保監會·보험감독관리위원회), 증감회(證監會·증권감독관리위원회) 의 이른바 삼회(三會)의 수장 교체가 왕치산의 주관 아래 이뤄진 것으로 알려져 그의 총리설이 더욱 강력해졌다. 왕치산 부총리는 더구나 좌고우면하지 않고 중국경제를 주무르던 주룽지 전 총리가 키워온 사람이라는 점에서, 이미 흔들리기 시작한 중국경제의 조타수로 적임자라는 평가가 확산되고 있었다.

2011년 11월 12일부터 1박 2일 동안 하와이 호놀룰루에서 열린 APEC 정상회의는 중국 내의 분위기가 그렇게 뒤숭숭한 가운데 개최 됐다. 중국 내의 뒤숭숭한 분위기는 이 회의에 참석한 후진타오 국가 주석이 11월 12일 버락 오바마 미국 대통령과 만나 1년 남짓 남은 자신의 임기 이후까지를 상정한 중국과 미국의 관계에 관한 언급을 해서 더욱 많은 관심의 대상이 됐다.

"내년 이후의 장기적인 중·미 관계에 대해 세 가지 의견을 밝히고자 한다.…첫째, 양국은 서로 존중하고 신뢰하는 호존호신(互尊互信)의 협력 동반자 관계를 만들어 나가야 한다.…서로의 핵심이익을 존중해야 한다.…둘째, 경제적 이익을 공동으로 확대해 나가는 호리호혜(互利互惠)의 협력 동반자가 되어야 한다.…셋째, 같이 한배를 타고 강을 건너는 동주공제(同舟共濟)의 정신으로 협력해 나가야 한다…당면한 국제적인 금융 위기를 극복해 나가야 하며, 양국의 채널을 활용해 북한 핵문제와 이란 문제에 대처해 나가야 한다.…"

자신의 퇴임 이후를 상정한 내년 이후의 장기적인 중·미 관계에 관한 후진타오의 당부는 오바마 대통령뿐 아니라 자신의 후임자가 될 시진핑에게도 전하고 싶은 당부의 말씀이라는 인상을 주었다. 한편으로는 이틀 앞서 힐러리 클린턴 미 국무장관이 하와이 이스트 웨스트 센터에서 한 연설 '미국의 태평양 세기'에 대한 답사처럼 들리기도 했다. 장기간에 걸친 기간을 상정한 힐러리 클린턴의 연설 내용은 이런 것이었다.

"우리는 지난 세기에 대서양을 통해 유럽과 긴밀히 협력하는 중요한 역할을 해왔다. 우리는 이제 같은 역할을 태평양을 통해 아시아 지역과 해나가려고 한다. 21세기는 미국의 태평양 세기가 될 것이다. 미국은 이 다이내믹하고 복합적이며, 중요한 지역인 아시아에서 예전에 없던 참여와 동반자의 역할을 할 것이다. 앞으로 아시아에서 일어나는 일들은 미국의 미래에 중대한 영향을 미치게 될 것이며, 우리는 우리의 미래를 결정하게 될 일을 남에게 맡기거나, 옆으로 비켜서 있지 않을 것이다. …"

클린턴 장관은 미국이 열어가고자 하는 태평양의 세기에 한국과의 FTA와 태평양 국가들과의 TPP(Trans Pacific Partnership) 체결을 새로운 동기로 삼을 것이며 앞으로 한국, 일본, 호주, 필리핀, 태국 등 전통적인 동맹국들과의 경제협력과 안보협력을 강화해 나갈 것이라고 밝혔다. 중국에 대해서는 다음과 같이 말했다.

"우리 미국에게 가장 복합적이면서도 중요한 파트너는 물론 중국이다…미국의 일부 국민들은 중국의 발전이 우리에게 위협이 된다고 보고 있고, 중국 일부에서도 미국이 중국을 억제하려고 한다고 보고 있다. 그러나 번영하는 중국은 중국에게만 좋은 것이 아니라 미국에게도 좋은 일이다.…미국과 중국이 공동의 이익을 확대해 나가는 것은 필수적인 일이다.…미국과 중국이 경제적인 협력을 해나가는 데에는 다른 길이 있을 수 없으며, 미국과 중국의 협력은 보다 강력하고, 지속 가능하며, 균형 잡힌 세계경제의 성장에 필수적이다.…"

글린턴 장관은 그러면서도 중국은 국제법을 존중해야 하고, 보다 개방적인 정치체제를 갖추어야 하며, 그렇게 하는 것이 중국의 기초를 강화하는 데에도 도움이 되고, 중국의 동반자들로부터 더욱 더 신뢰를 받는 길이 될 것이라고 지적했다. 이와 함께 인권문제에 대해서도 중국의 인권 기록에 대한 심각한 관심을 밝혀왔다고 지적했다. 앞으로 미국의 태평양 세기에도 중국과 경제적인 협력은 긴밀하게 해나가겠지만, 중국이 국제법을 존중하고, 정치체제 개혁과 인권 개선을 향해 나아가도록 역할을 하겠다는 뜻을 분명히 했다.

하와이 APEC에서 후진타오 중국 국가주석과 클린턴 국무장관이 밝힌 앞으로 두 나라 관계에 대한 의견이나 구상의 골격에는 커다란 차이가 있다. 후진타오가 밝힌 내년 이후 장기간에 걸친 중·미 관계에 대한 세 가지 의견은 중국과 미국이 한배를 타고 가는 가운데 경제협력도 하고, 북한 핵문제 같은 지역분쟁 문제도 해결하자는 구조로 되어 있다. 하지만 클린턴 장관이 밝힌 미국의 태평양 세기는 앞으로 미국은 한국, 일본, 호주, 필리핀, 태국 등 전통적인 5개 동맹국들을 포함한 태평양 국가들과의 경제·안보 협력을 강화해 나가는 가운데, 중국과도 지속적인 협력관계를 구축해 나갈 것이라는 구조로 되어 있다. 더구나 중국에 대해서는 국제법에 대한 존중과 정치체제의 개혁, 인권 문제 개선 등의 문제점을 지적했다.

그런 미국을 보는 중국의 시각은 의심투성이다. 중국의 관영매체들은 하루가 멀다 하고 미국이 중국에 대한 포위망을 구축하고 있다고 보도하고 있으며, 일본이 내년부터 중국의 해양 활동을 견제하기 위해 인도, 필리핀과 해양 군사훈련을 공동으로 실시하기로 합의한 배후에도 미국이 있다고 신경을 곤두세우고 있다.

뿐만 아니라 미국은 이른바 신 실크로드 전략을 수립해 인도에서 파키스탄, 아프간, 중앙아시아 국가들로 이어지는, 이른바 중국의 남부와 서부의 뒷마당에 중국 견제용 방어벽을 만들고 있다고 비난하고 있다. 그러면서 미국과 일본이 구사하는 중국견제용 합종책(合縱策)에 중국-중앙아시아-러시아로 연결되는 연횡책(延橫策)으로 맞서야 한다는 말까지 하고 있다.

유럽발 재정위기로 세계경제가 흔들리고 있는 가운데 미국이 아시아 쪽으로 시선을 돌리고 있고, 그런 미국을 경계의 눈으로 보고 있는 중국의 의심이 확대되고 있는 것이다.

리비아 민주화와
중국의 핵심이익

미국·유럽과 화평발전 모색 시급

지난 2011년 한국이 추석 연휴로 쉬고 있을 때, 중국은 리비아 문제로 바빴다. 추석인 9월 12일 마자오쉬 중국 외교부 대변인은 성명을 발표했다. 중국 외교부 대변인은 일주일에 두 번 정례브리핑을 갖고 각종 국제문제에 대한 중국 정부의 입장을 밝힌다. 하지만 중국의 이익이 걸린 중대한 문제에 대해서는 중국 외교부 웹페이지를 통해 긴급 성명을 발표하고, 신화통신을 비롯한 관영 매체들이 이를 보도해서 국제사회에 알리는 형식을 취한다.

"중국은 리비아 국가과도위원회를 승인하기로 결정했다. 중국은 리비아 인민들의 선택을 존중하고, 과도위원회의 지위와 역할이 중요하다는 점을 중시해서 앞으로 밀접한 접촉과 연락을 해나가기로 했다….
이와 함께 리비아 과도위원회의 책임자가 중국의 과도위원회 승인에
대해 기쁨을 표시하고, 리비아와 중국이 이전에 체결한 각종 조약과
협의 사항들이 준수될 것이며, 중국의 리비아 재건 사업 참여를 환영
한다는 입장을 표명했다는 점을 밝혀둔다.”

중국 정부가 당시에 한 행동을 보면 어지간히도 급했구나라는 생각
을 하게 된다. 이런 중국의 모습을 두고 우리나라 사람들은 ‘호떡집에
불났다.’는 표현을 해왔다. 2011년 2월 중국의 춘절(우리의 설)을 전후
해서 시작된 리비아 국민들의 카다피 독재에 대한 반발 움직임에 대해
중국 정부는 시종일관 “미국과 유럽 강대국들이 리비아 내정에 간섭하
는 것은 부당하다.”는 입장을 취해왔다.

유엔 안전보장이사회 5개 상임이사국의 일원이면서도, 카다피 정권
이 리비아 국민들에 대한 학살을 자행하는 것을 비난하기로 한 유엔의
결정에 동참하는 것을 거부했으며, 그해 7월에는 캐나다 글로브 앤 메
일지의 폭로로 중국이 카다피 정권 유지를 위해 알제리를 통해 은밀히
무기를 공급해주었다는 의심까지 받았다. 물론 중국 정부는 이에 대해
강력히 부인했다.

후진타오 국가주석과 원자바오 총리를 비롯한 중국공산당과 정부의
지도자들은 리비아의 운명이 이리 될 줄 몰랐던 모양이다. 중국공산당
이 중국 사회 각 부문을 리드하는 것을 명시한 헌법 전문을 갖고 있는

중국의 당정군 지도자들로서는 리비아 사태에 나타난 리비아 국민들의 반독재 열망을 이해하지 못했던 것 같다. 리비아 사태의 원인을, 지난 2008년 10월의 금융위기 이래 쇠약한 모습을 보여주고 있는 미국과 유럽이 경제위기에서 빠져 나오기 위해 카다피의 리비아를 이용하려는 것으로만 생각했던 듯하다. 그런 미국과 유럽의 '음모'에 대항해서 카다피를 지켜줄 수 있는 것은 중국 자신뿐이라고만 생각했던 모양이다. 또 그런 '음모'를 실제로 미국과 유럽이 꾸몄을 수도 있지만, 미국과 유럽의 그런 음모에 따라 리비아의 카다피 정권이 무너지고, 새로운 리비아 정부를 구성하는 국면으로 사태가 발전할 줄은 몰랐던 모양이다.

그런 중국의 오판은 리비아에서 생산되는 질 좋은 원유의 공급권 확보와 26개의 중국 기업이 리비아에 투자한 200억 달러라는 투자금을 지키기 위한 것이라는 점 때문에 내려진 것일까. 그게 사실이라고 하더라도 그런 이유 때문만은 아닐 것이다. 중국공산당이 모든 정치 분야를 리드하고, 중국경제의 운명마저 후진타오와 원자바오를 비롯한 중국공산당과 정부가 쥐고 있는 지휘봉의 움직임에 달려 있는 것이 중국 체제의 속성이다. 그렇다 보니 페이스북과 트위터 등 새로운 소셜 미디어가 주도하는, 이집트에서 시작해서 리비아까지 열풍처럼 번진 민주화의 열병을 부정적으로 보는 시각을 갖지 않을 수 없었을 것이다. 따라서 중국공산당과 정부 지도자들의 구수회의에서 리비아 사태의 원인은 미국과 유럽의 음모 때문이라는 결론을 내리지 않을 수 없었을 것이다.

중국은 이번 리비아에 대한 오판에 앞서 남사군도와 남중국해를 놓고 베트남, 필리핀과 갈등을 빚고 있었다. 남사군도 역시 해저 가스유전을 생각하면 베트남, 필리핀과 전쟁을 해서라도 지켜야 하는 중국의 중요한 이익이기 때문에 중국은 베트남, 필리핀과 마찰을 감수하고라도 남사군도 주변의 남중국해는 우리의 영해라는 주장을 관철하지 않을 수 없는 것이 중국의 입장인 것이다.

남사군도 문제와 리비아 사태를 처리하는 중국의 외교솜씨는 미국과 유럽의 표현대로 '네이슨트(nascent·초보적이고 미숙한)'하다고 판단하지 않을 수 없다. 한창 미국과 유럽으로부터 G2라는 말을 들으면서 국력이 뻗어간다는 칭찬에 취했는지도 모르겠다. 남사군도 해저의 천연가스와 리비아의 원유 공급선 확보에 너무 집착한 나머지, 그리고 거기에 비민주적 정치시스템을 갖고 있는 체제의 결함까지 작용해서, 남사군도에서 마찰을 빚고 있다. 거기다 리비아의 민주화 흐름을 간과하는 오판까지 한 결과, 중국은 갑자기 국제사회에서 입지가 옹색해지는, 바둑으로 치면 모양이 나빠지는 국면을 맞게 된 것이다.

중국은 지난 2011년 9월 6일 국무원이 주관해서 만든 《중국의 화평발전》(中國的和平發展)이라는 중국의 국가목표에 관한 백서를 발표했다. 중국 정부는 이 백서에서 중국이 지켜야 하는 핵심이익이 다음의 여섯 가지라고 밝혔다. 국가의 주권, 국가의 안전, 영토의 보존, 국가의 통일, 중국 헌법이 확립한 국가의 정치제도와 사회의 안정, 경제사회의 지속가능한 발전을 확보하는 것이 중국의 핵심이익이라고 규정했다.

이 가운데 눈에 띄는 것은 다섯 번째의 중국 헌법이 확립한 국가의 정치제도와 사회의 안정이라는 부분이다. 다시 말해 외국이 중국 헌법이 확립한 중국공산당을 중심으로 한 현행 중국의 정치제도와 사회의 안정을 흔들지 말라는 것이며, 중국 관영매체들은 '만약 이들 중국의 핵심이익을 건드릴 경우 그 결과는 건드린 쪽이 책임져야 할 것'이라고 경고했다.

중국 정부가 핵심이익이라는 말을 쓰기 시작한 것은 2000년대에 들어와서부터다. 이전에는 근본이익이라는 말을 주로 사용했고, 중대한 관심사(重大關切)라는 말로도 표현됐다.

미국 스탠퍼드대학 후버연구소 마이클 스웨인 교수의 조사에 따르면, 중국공산당 기관지 인민일보는 이 핵심이익이라는 용어를 2001년에 처음 사용한 이래 2005년에 55차례, 2009년에 260차례, 그리고 작년에는 325차례나 인용했다. 2009년 7월에는 다이빙궈 외교담당 국무위원이 미국과의 전략경제대화에 나와 중국의 핵심이익이 무엇인지를 설명했다.

중국의 핵심이익이란 개념을 남사군도와 리비아를 놓고 적용해보면 중국은 남사군도에 대해서는 영토의 보존이란 개념을 적용했을 가능성이 있고, 리비아 문제에 대해서는 경제사회의 지속가능한 발전을 위한다는 명분을 적용했을 가능성이 있다. 특히 리비아 문제에 대해서는 외국이 중국의 정치제도를 흔들어서도 안 되지만, 미국과 유럽이 리비아의 정치제도를 흔들어서도 안 된다고 생각했을 가능성이 있다.

그러나 중국의 그런 판단은 현재 세계의 역사는 미국과 유럽 중심으로 흘러가고 있으며, 세계사를 만들어가는 가치판단은 미국과 유럽의 몫이라는 미국과 유럽의 생각을 제대로 읽지 못해 빚어진 결과일 가능성이 있다.

아직 중국의 GDP가 전 세계 GDP에서 차지하는 비중이 12% 정도로, 미국의 23~24%와 유럽의 21~22%와 비하면 절반에 불과하다. 더구나 그 합한 규모에 비하면 아직도 세계사를 만들어가기에는 역부족이라는 점을 잠시 잊은 결과일 가능성이 있다고 하겠다. 무엇보다도 현재 중국에게 필요한 것은 경제발전을 더 오래 유지해서 최소한 중국의 GDP가 전 세계 GDP의 30% 정도는 되는 날을 기다리는 것이고, 그 이전에는 주변국은 물론 미국 유럽 등 강대국들과 진실로 '화평발전'하는 관계를 설정해 나가는 일이다. 중국의 핵심이익은 바로 그쪽에 있다는 점을 놓쳐서는 안 될 것이다.

항공모함 바랴그호가
한국에 던지는 의미

중국 군사력, 동아시아 넘어 미국·유럽 정조준 하나

중국 항공모함이 주는 충격은 컸다. 비록 구 소련제 중고 바랴그를 사들여 수리해서 진수시킨 거라고는 하지만, 2011년 8월 10일 중국이 항모를 보유한 국가가 됐다는 사실만큼은 분명 커다란 변화다. 이미 1990년 제1차 걸프전 과정에서 미국과의 무기체제 경쟁에서 패배한 것으로 확인된 구 소련제 항모가 성능이 좋으면 얼마나 좋으랴마는 중요한 점은 중국이 바다를 바라보는 눈이 근본적으로 바뀌었다는 점이다.

중국이 바다를 바라보는 시각의 변화는 8월 13일 관영 신화통신이 띄운 '중국의 해양 신사유'라는 논평이 잘 담고 있다. 이 논평에 따르면, 중국은 과거 명청(明淸)시대에는 바다 쪽을 바라보지도 않았다. 청의 강희제는 '우리는 내륙국가'라는 말을 했다. 이홍장이 바다의 중요성을 깨닫고 북양(北洋)함대를 만들었지만 때는 늦었다. 이미 톈진과 상하이, 홍콩의 앞바다는 영국과 프랑스, 미국, 일본의 군함들이 점거하고 있었다. 1949년 중화인민공화국 정부 수립과 함께 마오찌둥이 근안(近岸·가까운 연안)을 방어할 해군이 필요하다고 강조했지만 해군력은 미미했다. 1978년부터 시작된 개혁개방의 시대에 들어 덩샤오핑이 현대적인 전투능력을 갖춘 해군의 건설을 촉구했지만, 한국과 일본 근해를 비롯해서 대륙과 대만 사이의 대만해협과 홍콩 앞바다는 미 항모들이 아무런 방해를 받지 않고 자유롭게 항해를 할 수 있는 바다였다. 중국이 러시아제 중고 바랴그를 사들여 다롄에서 수리해서 진수에 성공한 것은 이제는 더 이상 바다를 소홀히 하지 않겠다는 중국의 의지를 과시한 것이다.

물론, 관련 정보들을 냉정하게 분석해보면, 바랴그 자체가 미국이나 유럽의 해군력을 위협할 만한 항공모함은 아닌 것으로 판단된다. 홍콩과 마카오의 인터넷 웹페이지에 따르면, 바랴그는 원래 구 소련이 우크라이나의 쿠즈네초프 조선소에서 건조 중이던 2급 항모였다. 1991년 소련이 붕괴되자, 바랴그를 떠안게 된 우크라이나 정부는 건조를 계속할 정부예산이 없었다. 그런 정보를 입수한 중국은 1992년 조사팀을 파견해 바랴그 수입 상담을 시작했다.

1998년 우크라이나 정부에 총롯(Chong Lot)이라는 홍콩 여행사가 접근해 개조해서 해상 카지노로 쓰겠다면서 가격을 2000만 달러로 제시했다가 거절당한 일도 있었다. 총롯이라는 여행사는 중국 해군과 연결되어 있는 회사였다. 그러나 3년 뒤 총롯과 우크라이나 정부 간 상담이 타결됐고, 2001년 총롯은 터키 이스탄불 해협에서 우크라이나 정부로부터 바랴그를 넘겨받아 중국 정부에 인계해준 것이다. 당시 가격이 얼마였는지는 공개되지 않았다.

그러나 중요한 점은 지난 30여 년간 빠른 경제발전을 해온 중국이 항모 구입에 돈을 썼다는 사실이며, 해군력 건설에 투입하는 예산의 비중을 높여가고 있으며, 전체 국방비 지출도 이미 일본과 영국, 프랑스 등을 제치고 미국 다음의 2위 자리를 차지하고 있다는 사실이다. 스웨덴 스톡홀름에 있는 세계적인 군사력 연구기관인 SIPRI가 최근 공개한 조사 결과에 따르면, 중국은 2010년에 1190억 달러의 군사비를 지출해서 6980억 달러를 지출한 미국에 이어 세계 2위의 군사비 지출 국가로 랭크됐다. 작년 군사비 지출 3위는 영국으로 596억 달러, 4위 프랑스 593억 달러, 5위 러시아 587억 달러, 6위 일본 545억 달러 순이었다. 중국이 지출한 군사비가 GDP에서 차지하는 비율은 2.1%로 미국은 GDP의 4.8%를 일본은 1.0%를 군사비로 지출했다.

SIPRI 보고서에 따르면, 중국은 2010년에 지출한 1190억 달러의 군사비 가운데 5억 5900만 달러를 군사장비 수입에 지출했다. 중국이 주로 러시아에서 군용 함정을 도입하기 시작한 것은 1989년부터로 중국은 이 해에 해군함정 수입에 1500만 달러를 지출했고 1990년에는 3000만 달러, 1995년 4억 4000만 달러, 1999년 7억 6000만 달러,

2005년 18억 달러를 지출해서 빠른 속도로 해군력 강화에 달러를 지출하는 비중을 높여왔다.

지난 2000년 이후 중국의 국방비 지출은 2000년에 321억 달러에서 395억(2001년), 459억(2002), 498억(2003), 552억(2004), 621억 (2005), 729억(2006), 841억(2007), 927억(2008), 1101억(2009), 1143 억(2010) 달러로 성큼성큼 큰 걸음으로 부풀려왔다. 같은 기간 한국의 국방비는 2000년 162억 달러, 167억, 171억, 177억, 185억, 200 억, 207억, 217억, 231억, 243억, 242억 달러로 거북이걸음을 해왔다. 1989년 중국의 국방비 지출이 159억 달러, 우리의 국방비 지출이 120 억 달러로 우리의 국방비가 중국 국방비의 75% 수준이었지만 2010년 에는 우리 국방비가 중국 국방비의 21% 수준으로 떨어졌다. 양국 경제규모의 차이가 벌어지면서 우리 안보에 대한 중국의 위협이 빠른 속도로 확대되어온 결과다.

2000년 이후 일본의 국방비는 517억 달러에서 각각 523억, 528억, 529억, 524억, 522억, 516억, 509억, 502억, 510억, 514억 달러로 한국과 마찬가지로 답보, 또는 뒷걸음치는 추세를 보여왔다. 중국과 일본의 국방비 지출은 2004년을 분기선으로 해서 중국 국방비가 일본 국방비를 추월했다. 일본 국방비는 2003년부터 줄어들기 시작해서 2008년까지 계속해서 내리막길을 걷다가 2009년부터 회복세로 들어섰다. 같은 기간 중국의 군사비 지출을 미국과 비교하면 2000년 중국이 321억 달러, 미국이 3759억 달러로 중국의 국방비가 미국의 8.5%

에 해당하는 보잘것없는 정도였지만, 작년에는 중국이 1143억 달러, 미국이 6871억 달러로 16.6%로까지 뒤따라갔다.

SIPRI보고서에 따르면, 중국이 바랴그 항공모함을 진수시킨 것은 중국의 군사력이 이제 동아시아 수준을 벗어나서 미국과 유럽을 목표로 뛰고 있다는 진단을 내릴 수 있다. 아직도 미국과 유럽을 위협하기에는 역부족이지만 이미 동아시아에서는 중국이 한국과 일본을 위협하고 남는 정도의 군사비를 지출하고 있는 것이다. 중국에게 웬 항모(?)라는 냉소는 이제 지을 수 없는 지경이 된 것이며, 중국이 이제 구소련제 중고 항모로 항모시대를 위한 각종 군사적 실험과 연구를 마땅히 해야 하는 시점에 이르렀다는 사실을 SIPRI 최신 보고서는 말해주고 있다.

한마디로 우리가 버려야 하는 생각은 중국의 경제규모가 우리보다 훨씬 큰 만큼 중국이 우리보다 훨씬 강한 군사력을 갖는 건 당연한 것 아니냐는 잘못된 비율의 환상일 것이다. 중국 경제규모와 우리 경제규모의 비율과는 상관없이 중국의 군사비 지출이 우리에 가하는 현실적 위협은 우리가 새로운 안보구상을 해야 한다는 필요성을 제기하고 있다. 일본, 대만, 베트남, 필리핀과 새로운 안보동맹을 맺는다든지 하는 새로운 구상과 새로운 개념을 세워야 할 필요성을 중국 항모 바랴그가 던져주고 있는 것이다.

창당 90주년
중국공산당 어디로 가나

정치개혁·부패척결 방법론 놓고 당내 보수 대 진보 노선 논쟁 중

중 국공산당이 창당 결의를 한 것은 90여 년 전인 1921년 7월 하순이었다. 그해 7월 23일부터 30일까지 일주일간 마오쩌둥을 비롯한 13명의 대표들이 상하이의 한 허름한 건물에 모여 차를 마시면서 '역사적'인 비밀회의를 했다. 당원 숫자는 50여 명에 불과했다.

중국공산당 당원 숫자는 2013년 말 현재 8600만 명을 넘어섰다. 편의상 7월 1일이 창당기념일인 중국공산당은 현재 GDP규모가 세계 2위로 커진 중국에서 모든 것을 결정하는 세계 최대, 최강의 정당으로 행세하고 있다. 중화인민공화국 헌법은 전문에서 '중국의 각 민족 인민들은 중국공산당의 영도 아래…'라는 구절을 통해 중국공산당이 정치와 경제 전반에 걸쳐 모든 국가 대사에 대한 결정권을 행사할 수 있도록 뒷받침하고 있다.

중국에도 의회에 해당하는 전국인민대표대회(전인대)가 있기는 하다. 그러나 중국의 국가목표나 정책 어젠다는 매년 가을에 열리는 이른바 중전회(중국공산당 중앙위원회 전체회의)에서 먼저 결정하도록 되어 있다. 중전회에서 결정된 국가목표나 정책 어젠다는 다음 해 봄에 열리는 전인대로 넘겨져 지지 결의를 받아냄으로써 정당성을 확보하는 형식으로 되어 있다.

전국에서 3000여 명의 인민대표들이 모여 진행하는 것이 전인대이기는 하지만, 이들 대부분은 중국공산당원이고, 인민대표대회 상설기구의 요직 또한 중국공산당 간부들이 맡고 있기 때문에 회의 결과는 뻔한 것일 수밖에 없다. 2011년 봄에 열린 전인대에서 결정된 경제성장 방식의 전환—양적 성장에서 질적 성장으로, GDP 성장목표를 7%로 하향 조정 등의 경제정책 기조도 이미 전년 가을의 중전회에서 결정된 내용을 추인하는 절차를 밟았을 뿐이다.

민주주의 없는 시장경제는 불가능하다는 서양의 상식을 뒤엎고 30년간의 빠른 경제성장 끝에 중국을 미국 다음의 GDP 세계 2위 국가이자 세계의 시장으로 만든 중국공산당은 과연 언제까지 '당이 주도하는 경제발전'을 이어나갈 수 있을까. 1978년에 시작된 개혁개방 정책에 따라 이미 전 세계를 향해 열린 사회가 된 중국의 중국공산당 중추 리더들은 이 문제에 대해 어떤 생각을 하고 있을까. 그 일단의 표현을 원자바오 총리가 2011년 6월 27일 런던에서 한 '미래 중국이 나아갈 길'

이라는 제목의 연설을 통해 한 일이 있다.

 "미래의 중국은 민주와 법치가 충분이 실현되는 공평하고 정의로운 국가가 될 것이다. 인민민주는 사회주의의 생명이며 민주 없는 사회주의는 없다. 진정한 민수는 자유와 따로 떼이 생각할 수 없고 진정한 자유는 경제적 권리와 정치적 권리의 보장 없이는 불가능하다. 현재 중국에는 부패라는 문제가 존재하고 있으며, 분배의 불공정과 인민들의 권익이 손상되는 폐단이 존재하고 있다. 이들 문제들을 근본적으로 해결할 수 있는 방빕은 징치체제의 개혁을 추진해서 사회주의 민주법치 국가를 건설하는 것이다."

 원자바오가 한 연설의 요지는 2010년 8월 이후 모두 7번째로 경제 개혁의 완성을 위해서는 정치 개혁이 필요하다고 언급한 것이다. 그러나 중국공산당 기관지 인민일보는 총리인 원자바오가 그런 견해를 발표하는 것이 못마땅하다는 볼멘소리를 했다. 인민일보는 2011년 5월 25일 '당의 정치 기율은 고압선'이라는 논평을 통해 중대한 정치문제에 대해 당내에서 이런 말 저런 말이 나오는 것을 당은 허용해서는 안 된다고 촉구했다. 바로 다음 날 발표된 '감추어진 목소리에 귀를 기울이자'는 제목의 논평을 통해서도 우리 사회에서 다수가 아닌, 힘 없는 군중들의 목소리에 귀를 기울여야 한다고 촉구한 다음 "그러나 그런 감추어진 목소리를 들어야 하는 것이 사회 관리층의 책임"이라고 강조함으로써 원자바오 같은 사회관리층들이 자신의 책임을 버려두고 이런저런 말을 해서 사회를 혼란스럽게 해서는 안 된다는 논지를 폈다.

인민일보는 이 두 편을 포함해서 같은 논지의 논평을 모두 다섯 편 발표했다.

원자바오 총리와 인민일보 논평이 벌이는 그런 신경전을 보면 현재 중국사회 내부에는 중국공산당이 앞으로 걸어갈 길을 놓고 보수와 진보, 좌와 우의 갈등을 빚은 것으로 추정된다. 원자바오로 대표되는 진보, 또는 우익 진영에서는 지난 30년 동안의 경제발전을 앞으로 더 지속하기 위해서는 정치 개혁이 필수적이며, 정치 개혁을 통해 경제 개혁을 완성할 수 있다고 주장했다. 또한 인민일보와 그 배후인 것으로 추정되는 후진타오 중국공산당 총서기로 대표되는 보수 좌익 진영에서는 정치체제의 개혁은 중국을 위험하게 만들 뿐 아니라 중국공산당의 존립마저 위협받게 될 것이라고 말했다.

30여 년 전인 1978년 개혁과 개방 정책을 통한 경제발전을 시작하면서 당시 총설계사로 불리던 덩샤오핑은 자신보다 앞서 한국을 비롯한 대만, 홍콩, 싱가포르 등 '네 마리의 작은 용'이 채택한 경제발전 우선, 정치 민주화는 다음이라는 방식의 이른바 신 권위주의 정책을 선택했다. 그러나 작은 용들과는 달리 큰 용인 중국은 경제발전 30여년 만에 이제 앞으로는 어느 길로 가야 하나를 놓고 고민에 빠져 있는 형상이다.

그 논의의 핵심에 중국공산당이 있으며, 정치체제 개혁을 할 경우 제일 먼저 수술대에 올라야 할 중국공산당의 앞날도 창당 90년을 기점으로 갈림길에 서 있다고 하겠다.

그런 의미에서 중국공산당이 맞은 2011년 가을은 결코 조용할 수 없었을 것이다. 2012년 중국공산당 지도부 완전 개편의 밑그림을 완성해야 하고, 앞으로 10년 후가 될지 20년 후가 될지는 모르지만 중국공산당이 살아남기 위해서 받아야 하는 수술에 대한 논의도 피할 수 없는 것이 2011년 가을에 열리는 중전회이기 때문이었다.

　그 해 중전회의 결정과 상관없이 중국 경제의 고속성장은 한동안 계속됐다. 2010년의 경우 원자바오 총리가 연초에 "8% 성장 관철"이라고 촉구했으나, 연말의 경제성장 결과는 10.3%라는 고성장을 기록했고, 2011년도 전년 가을에 열린 중전회 결의에 따라 8% 성장을 목표로 했으나 이미 전반기에 9%를 상회하는 성장률을 올렸다. 지난 30여 년간 각 지방의 공산당 지도부들의 업무 목표가 GDP성장률 지상주의였고, GDP성장률을 다른 지방보다 높게 만드는 것이 출세의 바탕이라고 믿고 있기 때문에 빚어지는 현상이었다. 그러나 경제 개혁과 정치 개혁의 관계를 둘러싼 중국공산당 내의 논쟁은 장기적으로 중국공산당의 운명뿐만 아니라 중국의 국가 운명도 바꾸어놓을 전망이다.

외환보유고 3조 달러,
GDP 세계 2위 그리고 항모

대국굴기의 길 가나

중국의 외환보유고가 2011년 3월 말로 3조 달러를 넘어선 3조 447억 달러를 기록했다고 중앙은행인 인민은행이 2011년 4월 14일 발표했다. 15년 전인 1996년 1000억 달러를 처음으로 넘어선 중국의 외환보유고는 2009년 6월에 2조 달러를 초과한 뒤에, 이번에는 2년도 채 안 돼서 3조 달러를 뛰어넘었다. 도호쿠 지방 강진으로 일본 경제가 신음소리를 내고 있는 가운데 중국경제는 거침없는 전진에 전진을 거듭하고 있다.

그런가 하면, 중국사회과학원은 2011년 4월 4일 중국의 GDP가 2020년이면 미국의 GDP규모를 넘어설 것이라고 예측하는 보고서를 발표했다. 신흥경제체 블루페이퍼라는 이름의 이 보고서에 따르면 중국의 GDP는 중국이 개혁·개방을 시작한 1978년에는 미국 GDP의 6.5%에 불과했으나, 2001년에 11.5%로 늘어났고, 2007년에 23.7%, 2010년에는 약 40% 수준으로 확대됐다는 것이다. 중국이 앞으로도 연평균 7~8%의 경제성장을 할 경우 2015년이면 중국 GDP가 미국 GDP의 80% 수준이 될 것이며, 2020년이 되면 드디어 추월할 전망이라는 것이다. 이와 함께 중국의 GDP가 전 세계 GDP에서 차지하는 비중은 1978년에 1.8%였다가 2007년에 6%, 2010년에는 9%로 몸집을 키워 왔다고 이 보고서는 밝혔다.

중국의 경제 몸집 키우기는 도대체 어디까지 가야 시진핑을 비롯한 중국 정치 지도자들이 만족할까. 중국경제에 대한 권위자로 손꼽히는 미국 경제학자 배리 노턴에 따르면, 중국은 청 왕조 시대이던 1820년에 인구 3억 8100만으로, 당시 세계인구의 36%를 차지하고 있었으며, GDP도 전 세계 GDP의 3분의 1 정도를 차지하고 있었다. 아마도 중국 정치지도자들의 목표는 다시 세계 GDP의 3분의 1 수준을 회복하는 것이 아닌가 판단된다.

중국은 경제의 몸집만 불리고 있는 것이 아니다. 일본 아사히신문 보도에 따르면 중국은 이미 국산 항공모함의 개발에 착수했으며, 2015년이면 개발에 성공하고, 2020년이면 2척의 6만 톤급 핵추진 항모를 보유하게 될 전망이라고 한다. 2011년에는 러시아로부터 사들인 5만 5000톤급 바랴그 항모를 개조하는 작업을 거의 마무리 짓는 단계라는 말도 끊임없이 들린다. 개조에 성공할 경우 함재기 50대 정도를 탑재한 항모를 취항시키게 된다는 말이다.

중국이 지금 걸어가고 있는 길은 전형적인 대국굴기(大国崛起)의 길이다. 19세기에 들어 가장 먼저 산업혁명에 성공해서 국제사회의 글로벌 패권국가로 군림했던 영국에 도전장을 낸 것은 미국이었다. 미국은 1890년에서 1910년 사이에 대부분의 경제지수에서 영국을 따라잡았고, 해군력에서도 1907년 이후 영국을 능가했다. 그런 영국과 미국의 적대적 관계는 불가피한 것이었으나, 세계의 패권을 놓고 충돌을 향해 치닫던 두 나라 사이에 독일이 끼어듦으로써 미국과 영국 두 나라는 충돌 대신 독일이라는 희생양을 잡기 위해 협력하는 제3의 길로 접어들게 됐다.

영국을 누르고 글로벌 헤제몬이 된 미국에 도전한 것은 뜻밖에도 동아시아의 신흥강국 일본이었다. 1868년 메이지유신으로 산업화를 시작한 일본은 미국의 석유보급로 차단을 빌미로 1941년 12월 7일 일요일 아침에 미 하와이의 진주만에 대한 기습적인 공습을 가함으로써 미국에 도전장을 냈다. 당시 일본은 항공모함 6척, 전함과 순양함, 구축함 14척에 잠수함 5정, 함재기 441대를 동원해서 진주만을 공습했다. 미군에 3581명이라는 엄청난 사망자를 내는 타격을 입혔으나, 유류 탱크를 제대로 공격하지 못했고, 3척의 미 항모가 때마침 진주만에 정박해 있지 않았기 때문에 곧 전열을 정비한 미국의 반격을 받아 패전의 길을 걸었다.

중국의 항모 건조는 누가 보더라도, 또 중국이 무슨 말로 둘러대더라도 태평양 서쪽 해역의 해상 패권을 장악하고 있는 미국에 대한 도전 이외의 말로는 설명이 안 되는 행동이다. 전통적으로 해안이라고 해야 동중국해 연안밖에 없는 중국의 항모 건조와 해군력의 강화는 필연적으로 미국, 일본과 충돌을 피할 수 없다고 보는 것이 자연스럽다. 과거 마오쩌둥 시절 대약진 운동이라는 이름으로, 마을마다 용광로를 설치해서 강철생산량을 올리겠다고 하다가 무수한 산림만 훼손하고 대실패로 귀결된 1960년대의 중국의 구호는 초영간미(超英赶美)였다.

결국 대약진 운동은 2000만명이 넘는 아사자를 내고, 마오에게 참담한 정치적 패배를 안겨 주었다. 마오는 그 정치적 위기를 넘기기 위해 문화혁명이라는 해괴한 정치적 변란을 일으켰다. 1966년에서 1976년 사이 10년 동안 한국과 일본, 대만, 홍콩, 싱가포르 등 동아시아 국가들이 잇달아 산업화와 공업화에 성공할 때 중국만 서로 죽고 죽이는 정치투쟁을 벌여 가난의 공화국이 되는 비참한 경험을 하지 않을 수 없었다.

1978년에 덩샤오핑이 시작한 개혁·개방과 경제발전 국가전략의 기본은 바로 마오쩌둥이 세웠던 '영국을 넘어서고 미국과 일전을 불사한다'는 허황된 목표를 버리고 국제사회와 협력하고 주변 정세를 안정시키는 화평발전(和平發展) 전략이었다. 마오가 택했던, 유사시를 대비해서 베이징시내에까지 지하갱도를 파는 황당한 전략을 버리고, 군 병력의 숫자를 대폭 줄이면서 국가역량을 경제발전에 전량 투입하자는 것이 덩샤오핑의 국력운용 전략이었다. 그 결과 오늘의 경제발전이 이루어진 것이다.

후진타오 국가주석을 비롯한 중국 정치 지도자들은 현재 중국의 GDP가 전 세계 GDP의 9% 수준에 불과하다는 점을 명심해야 할 것이다. 과거 청 왕조 시절의 30% 수준을 회복하려면 아직도 갈 길이 멀다. 더구나 작년 광둥성 경제특구 선전의 아이폰 생산업체 폭스콘(Foxcon) 근로자들 10여명의 잇단 투신자살 항의로 이제 중국에서는 저임금 시대가 저물고 있음을 주목해야 한다.

항모 건조에 열을 올리고, 스텔스기 개발에 몰두할 때가 아직 아니라는 것이다. 자칫 잘못하다가는 일본에서 한국과 대만을 거쳐 중국에서 꽃피우고 있는 후발효과에 따른 산업발전 효과가 방글라데시나 인도 중동 국가들로 빠르게 전이될지 모른다. 경제발전의 기러기가 중국 하늘에만 머물러 있는 것이 아니라, 조건과 기후가 변하면 금세 다른 나라로 날아가 버린다는 점을 잘 알아야 할 것이다.

기러기가 다른 나라로 날아가기 전에 연구개발(R&D)에 대한 투자 비율을 높여서 중국 특유의 테크놀로지를 만들어야 한다. 취항 10년이 넘는 러시아 항공모함을 사들여 개조해서 짝퉁 항모를 만들려고 애쓸 때가 아니다. 러시아의 무기체제는 이미 1990년 걸프전에서 미국의 무기체제에 패배한 시스템이라는 점을 명심해야 할 것이다.

후진타오의 중국
정치·군사적 패권화 가속 페달

덩샤오핑의 경제발전 지침 외면

중국이 지금의 경제대국이 된 것은 1978년 12월 말에 열린 중국 공산당 중앙위원회 전체회의에서 실용주의자 덩샤오핑이 권력을 잡았기 때문에 가능한 일이었다. 덩샤오핑은 전임자 마오쩌둥이 1976년 사망하자 마오의 후계자 화궈펑을 무력화시키고 권력을 잡은 다음 우선적으로 국가목표를 뜯어고쳤다. 마오 시대 중화인민공화국의 국가목표는 사회주의 국가 건설과 초영간미 군사비전(超英赶美 軍事備戰·영국과 미국을 제압하기 위한 전쟁에 대비하는 것)이었다. 하지만 덩샤오핑은 마오의 그런 허황된 국가목표를 버리고, 하나의 중심, 두 개의 기본점이라고 새로운 국가목표를 제시했다.

가장 중요한 하나의 중심이란 경제발전이고, 두 개의 기본점이란 4

개항의 기본 이념 유지와 개혁개방의 견지였다. 중국 인민들에게 가장 중요한 것은 경제발전을 이루는 것이라고 각인시키고, 사회주의 견지와 프롤레타리아 독재, 중국공산당의 통치, 마르크스·레닌주의와 마오쩌둥 사상 같은 이념의 실현은 경제발전 다음에 생각할 문제라고 분명히 정리를 해주었다.

중국이 바뀌기 시작한 것은 그때부터였다. 덩샤오핑은 자신이 권력을 잡은 뒤에도 전임자 마오의 초상화를 천안문에 그대로 걸어놓았지만, 중국인민들의 머릿속을 경제발전이 제1의 중심이라는 새로운 생각으로 가득 채워 놓았다. 중국은 그때부터 달라졌고, 30년 만에 경제대국으로 올라섰다. 덩샤오핑이 중국 인민들의 생각을 바꾸어놓았기 때문에 중국이라는 나라의 모습과 경제가 달라진 것이다.

그러나 후진타오의 중국은 차츰 차츰 덩샤오핑이 제시한 하나의 중심, 다시 말해 경제발전이 중국 최고의 국가목표라는 생각에서 조금씩 멀어져 가고 있다. 하나의 중심에서 조금씩 이탈해서 사회주의 재건과 초영간미 군사비전 쪽으로 이동해가려고 하고 있었다.

21세기의 두 번째 10년의 첫 해인 지난 2011년 1월 11일 로버트 게이츠 미국 국방장관이 중국을 방문하고 있는 가운데 쓰촨성의 활주로에서 날아오른, 중국 최초의 스텔스 전투기라고 주장하는 '젠-20(J-20)'의 검은색 동체는 중국 국가목표의 현 주소가 과연 어디인가를 다시 생각해보게 만들어주었다. 일본 니혼게이자이에 따르면 한 대 가격이 1억 9000만 달러(약 2000억 원)나 되는 미국의 스텔스 전투기 F-22 랩터에 맞서기 위해 중국이 랩터와 유사한 J-20 전투기 개발을 앞당기는 데 공을 들이는 것은 현재 중국의 국가목표가 아무래도 경제발전이 제1의 중심이라는 덩샤오핑의 지시에서 이탈하기 시작했다는 관측을 하지 않을 수 없게 만들었다.

더구나 뉴욕타임스와 월스트리트 저널에 따르면, 중국에 각종 무기 체제를 수출하는 러시아조차도 최초의 스텔스기 시험비행을 한 것이 2010년 1월에 불과한데, 과연 러시아 무기의 소비국인 중국이 스텔스 전투기 시험비행을 앞당기기 위해 서두르는 것이 중국에 어떤 의미를 지닌 일인가를 생각해보지 않을 수 없게 만든다.

세계 각국의 무기 수출입과 국방비 지출에 관해 중립적이면서도 권위 있는 수치를 매년 발표하고 있는 스웨덴 스톡홀름 평화연구소(SIPRI)의 온라인 데이터 베이스에 접근해보면, 중국은 2009년에 988억 달러의 국방비를 지출했다. 이는 2000년 국방비 312억 달러의 3.16배, 1990년 국방비 175억 달러의 5.65배가 되는 수치다. 중국 국방비가 전체 GDP에서 차지하는 비중이 2009년에는 2%, 2000년에는 1.8%, 1990년에는 2.6%였으며, 대체로 2% 안팎을 유지하고는 있다. 이에 비해 미국은 2009년에 6632억 5500만 달러, 2000년 3772억 2800만 달러, 1990년 5045억 3400만 달러를 지출했다. 전체 GDP에서 차지하는 비중은 2008년 4.3%(2009년은 미발표), 2000년 3.0%, 1990년 5.3%였다. 일본은 2009년 468억 5900만 달러, 2000년 474억 9600만 달러, 1990년 428억 4600만 달러를 국방비로 썼다.

2009년의 경우 중국은 미국 국방비의 6.71분의 1에 해당하는 국방비를 썼지만, 일본 국방비의 2.1배나 되는 국방비를 지출했다. 중국은 2004년에 531억 달러를 국방비로 써서, 일본의 482억 2500만 달러를 앞지른 이후 2010년에는 일본의 2배나 되는 국방비를 지출하고 있다. 두 나라의 GDP 규모가 2010년 서로 비슷한 규모였던 점을 감안하면 중국이 일본보다 2배의 국방비를 지출하고 있다는 계산이 된다. 중국이 비록 GDP의 2% 정도를 국방비로 지출한다지만 일본과 GDP 규모가 비슷한 처지에서 2배의 국방비를 지출한다는 점은 앞으로 중국경제에 미칠 영향과 관련해서 주목하지 않을 수 없는 포인트이다.

중국의 국가목표가 차츰 경제발전 위주의 사고에서 이탈하는 조짐을 보이고 있다는 것은 경제발전에 원동력을 제공한 덩샤오핑이 1990년대에 소련과 동유럽 사회주의 정치체제가 무너지는 것을 보고 후배 국가지도자들에게 당부한 도광양회 결부당두(韜光養晦 決不當頭·어둠 속에서 실력을 기르고 절대로 머리를 내밀지 말라)라는 방침을 후진타오 측근들이 버리려고 하는 흐름으로도 나타났다. 덩샤오핑은 최소한 2020년까지는 이 도광양회 결부당두의 방침에 따라 중국이 조용히 경제실력을 기르고 국제사회에서 정치 군사적 주도권을 쥐기 위해 분란을 일으키지 말 것을 희망했었다.

그러나 지난 2008년 가을 미국발 금융위기가 전 세계에 확산되는 것을 본 후진타오 지도부는 G2라는 말은 자신들에게는 어울리지 않는다고 하면서도 차츰 자신들이 미국과 함께 세계를 이끌고 가는 '초급 강대국'(超級 强大國·슈퍼 파워)이라는 말을 즐기는 모습을 보여주었다. 게이츠 미 국방장관이 베이징을 방문해서 후진타오와 회담을 앞두고 있는 시간에 '중국 최초의 스텔스 전투기'라고 주장하는 J−20 시험비행을 하는 것으로, 미국과 겨뤄보겠다는 자세를 보여주었다. 국제정치를 전공하는 중국 지식인들과 3억명이 넘는 중국 네티즌들도 "미국과 어깨를 나란히 하는 슈퍼 파워가 된 마당에 도광양회 결부당두는 버려야 한다."는 걱정스러운 흐름을 만들었다.

중국 최초의 스텔스 전투기라고 주장하는 J−20 개발이나, 우주공간을 통과하는 대륙간 탄도탄 개발, 위성 요격 미사일 개발 등 중국은 2010년 들어 부쩍 미국의 군사력과 대립각을 세우는 국가전략을 과시하고 있다. 후진타오 국가주석 겸 중앙군사위 주석이 리드하는 국가목표 설정은 점차로 중국이 덩샤오핑의 평화발전 전략을 바탕으로 한 경제발전 우선 정책에서 떠나 마오쩌둥식의 군사비전(軍事備戰) 쪽으로 이동하지 않을까 하는 걱정을 하게 만들었다.

중국이 군사비를 GDP 규모가 서로 비슷한 일본의 2배나 쓰고 있다는 점이 중국경제에 부정적인 영향을 미치는 것 또한 한국경제에 좋은 일이 아니다. 역사는 시계추처럼 움직인다는 말이 있지만, 중국이 경제발전을 시작한 지 30년 만에 시계추가 정점에 이르렀다는 오판을 한다면 세계경제에 앞으로 커다란 변화가 생길 수 있다는 예측까지 해보게 된다.

Part

03

풍요사회의
빛과 그늘

덩 샤오핑의 개혁개방과 빠른 경제 발전은 14억 중국 인민들에게 등 따뜻하고 배부른 원바오(溫飽)만 가져다 준 것이 아니었다. 덩샤오핑의 선부론(先富論)에 따라 모두들 같은 출발선상에 서서 출발했지만 개혁개방 35년이 지나고 보니 중국은 지니계수가 5.0 안팎의 불평등 사회로 바뀌어 있었다. 모두들 가난한 것도 문제지만, 부유층은 세계 어느 나라의 부호보다 돈이 많아 세계 어느 나라에서도 볼 수 없는 사치와 향락을 누리는가 하면, 많은 사람들은 마오쩌둥 시절과 다름없는 가난 속에서 상대적 박탈감만 가득한 세상에 살게 됐다.

3억에 달하는 농민공들은 베이징과 상하이의 휘황찬 불빛을 자랑하는 도시를 건설해놓고도 정작 자신들은 도시 변두리의 반지하 방에서 연명하면서 농촌에 남겨두고 온 한 자녀를 생각하면서 눈물지어야 하는 생을 살고 있다. 일 년 뼈가 부서져라 건설노동을 해서 벌어도 고향에 두고 온 아들딸의 등록금조차 제대로 맞추어주지 못한다. 그래서 1년에 한 번 춘절(春節·설날)에 만원 열차를 타고 가서 아들딸의 얼굴을 보고 따뜻한 내의 한 벌 입혀주기는 하지만 며칠 뒤면 또 눈물로 범벅이 된 이별을 해야 한다. 해마다 6월 1일의 아동절이 되면 라디오에서는 온통 고향의 아들딸과 도시의 농민공들이 눈물의 대화를 이어가는 바람에 차마 들을 수 없을 정도다.

덩사오핑이 개혁개방을 시작하면서 중국 인민들에게 약속한 것은 소강(小康)사회의 건설이었다. 소강이란 유교 경전 《예기(禮記)》에 나오는 개념으로 구성원들 사이에 별다른 갈등이 없이 등따뜻하고 배부르게 잘 어울려 사는 사회, 다시 말해 중산층이 두터운 사회에 해당한다. 소강 다음의 세상은 대동(大同)이다. 모든 사람들이 고르게 잘 사는 이상사회로, 중국공산당이 건설해야 할 이상적인 사회주의가 완성된 사회를 말한다. 시진핑은 2012년 중국공산당 총서기로 선출되면서 중국의 꿈(中國夢)을 실현하기 위한 시한을 설정했다. '두 개의 1백년'(兩個一百年)이라는 시진핑의 시한 설정은 1921년 중국공산당이 창당된 이후 100년이 되는 2021년까지는 완전한 소강사회를 건설하고, 1949년 중화인민공화국 정부가 수립된 이후 100년이 되는 2049년까지는 중국의 꿈을 실현하겠다는 것이다.

시진핑의 약속은 과연 실현될 수 있을까. 지니계수가 새로운 혁명이 나서 사회가 전복되는 5.0안팎의 심한 빈부격차를 보여주고 있는 중국 대륙 전역에서는 하루에 100건이 넘는 불만 폭로 시위, 군체(群體) 사건이 발생해서 공안국에 불을 지르는가 하면 공안 순찰차가 전복되어 불타고, 경찰력은 장갑차까지 동원하는 험악한 광경을 빚고 있다. 〈남방도시보〉 계열의 비판적인 신문들은 "아직 인민들에게 힘이 없어서 직접 배를 뒤엎지는 못하지만 파도가 높아지면 배가 흔들려 전복될 수도 있다."는 극언까지 하고 있다. 그런 가운데에서도 조세제도가 제대로 정착이 되지 않은 가운데 주택을 십여 채씩 보유한 집부자들은 언제 부동산 버블이 터질까 전전긍긍하며 살아가고 있다.

1989년 민주화와 반(反)부패를 외치며 100만 명이 넘는 대학생과 시민들이 한 달 넘게 시위를 한 끝에 장갑차를 동원한 유혈 진압을 한 천안문 사태의 추억은 아직도 피해자 가족들과 해외로 망명한 시위 주역들을 중심으로 잊혀질만하면 되살아나는 트라우마로 남아있다. 장쩌민 총서기 시절에 수도 베이징에서 거리가 먼 중국 남부의 광둥(廣東)성 일원에서 실험된 민주적 선거에 의한 당대표와 인민대표 선출방식은 후진타오 시대에 들어서는 지지부진했다. 누가 그랬던가, 부패를 막는 가장 효율적인 방법은 민주화가 이루어지는 것이라고. 정치의 민주화가 제대로 이루어지지 않은 가운데 중국 사회의 고질병으로 자리잡은 부패 문제는 시진핑 시대에 들어서는 마침내 중국공산당의 핵심 9명 가운데 한 명이었던 저우융캉(周永康) 전 정치국 상무위원이 당의 공식조사를 받는 단계에 이르렀다. 인민해방군의 총지휘부인 중앙군사위원회 부주석이었던 쉬차이허우(徐才厚) 역시 시진핑의 반부패 드라이브에 걸려 추락하게 되었다.

정치 민주화와 개혁의 방향 역시 중국공산당 지도부에게 최대의 고민거리가 되고 있다. 서방식 민주주의는 결코 하지 않을 것이라는 평소의 다짐 때문에라도 그렇고, 뻔히 중국 대륙 전역이 혼란에 빠질 것으로 예상되는 서양식 민주 선거제도를 채택할 수도 없을 것이다. 유가(儒家)나 법가(法家)의 이론을 현대에 되살려 중국의 정치제도 개선과 새로운 정치 시스템 창출에 활용해보려고 하지만 원래 유교적 봉건질서에 대한 부성으로 시작한 중국공산당의 기본 체질과 맞지 않아 고민만 늘어가고 있다. 풍요한 가운데 빛과 그늘이 공존하는 지금의 중국사회가 나아가는 트렌드를 읽을 패스워드는 과연 무엇일까.

중국에는 없고 유럽에는 있는 것
과학적 사고방식

일상생활에서의 비과학적인 사고방식 뿌리 깊어

니담(Needham)의 퍼즐이라는 말이 있다. 조지프 니담은 1900년에 출생해서 1995년에 세상을 떠난 영국 케임브리지대학의 생화학자이자 역사학자였다. 리위에스(李約瑟)라는 중국어 이름까지 가지고 있던 니담은 중국 과학의 역사에 관한 많은 저술을 남겼다. 니담이 제기한 의문은 "화약과 나침반, 종이, 인쇄술을 먼저 발명한 중국이 왜 유럽의 과학과 기술 문명에 뒤지게 됐는가"라는 것과 "왜 산업혁명이 영국에서는 일어나고 중국에서는 일어나지 않았는가"라는 것이었다. 니담은 자신이 갖고 있던 의문에 대한 해답을 대체로 유가(儒家)와 도가(道家)의 영향에서 찾으려고 했다.

니담이 살았던 시기는 중국 대륙에서 청(淸)왕조가 무너지고 중화민국과 중화인민공화국이 수립된 때였다. 현대 중국경제에 밝은 미국의 경제학자 배리 노턴은 1812년에 전 세계 GDP의 32%정도의 비율을 차지하고 있던 것으로 추산되는 부국 청 왕조는 1840년에 시작된 두 차례의 아편전쟁으로 무너지기 시작했고, 영국을 비롯한 유럽과 미국의 반(半)식민지가 됐다. 니담이 태어난 1900년 청의 수도 베이징(北京)은 영국, 프랑스, 미국, 러시아, 일본을 포함한 서구 열강 8개국에 분할 점령당했다. 중국은 지금도 당시의 치욕을 잊지 말자는 뜻에서 베이징 북서쪽의 위안밍위안(圓明園)에 부서지고 불탄 궁궐의 모습을 그대로 보존하고 있다. 화약과 나침반을 먼저 발명한 중국이 대포와 증기기관을 동력으로 하는 유럽 전함의 공격에 꼼짝없이 무너진 유적을 보존하고 있다.

청말(淸末)의 중국 지식인들은 청이 유럽에 맥을 못춘 이유를 '사이(賽)선생'과 '터(特)선생'이 중국 대륙에는 없었기 때문이라고 보았다. 사이 선생은 영어 사이언스(science)의 앞글자를 따온 것이고, 터 선생은 영어 테크놀러지(technology)의 앞글자를 따온 것이다. 청말 지식인들의 그런 반성은 현대 중국에도 이어져 중국의 수도 베이징의 중심가 동쪽 지엔구어먼(建國門) 부근에 사이터(賽特·science and technology)라는 이름의 백화점을 세워놓았다. 이 이름은 중국 개혁개방의 총설계사로 불리는 덩샤오핑의 셋째 딸 덩룽(鄧榕)이 지은 것으로 알려져 있다.

베이징의학원 출신의 덩룽은 아버지가 생전에 과학기술이 곧 생산력이라고 강조하던 것을 기리기 위해 그런 이름을 지어놓은 것으로 베이징 사람들은 알고 있다. 과학과 기술을 중시해야 한다는 프랑스 유학생 출신 덩샤오핑의 교훈은 그가 지명한 후계 정치지도자들, 장쩌민과 후진타오 두 사람이 모두 자동차 엔진 전공과 수리(水利)공정 전공의 이공계 출신이라는 점에도 나타나 있다. 그런 덩샤오핑의 영향을 받아 장쩌민이 배후에서 지명한 현 시진핑 국가주석도 법학박사 출신이기는 하지만 이공계 최고 대학인 칭화대학 출신이다.

그러나 그런 과거사와는 달리 중국의 현실에서, 현대 중국인들이 살아가는 생활 속에서 과학적 사고방식을 찾아보기는 쉽지 않다. 니담이 평생 가지고 있던 퍼즐 "왜 화약과 나침반, 종이와 인쇄술을 먼저 발명한 중국이 과학기술 축적에서 유럽에 뒤졌나?", 그리고 "왜 산업혁명이 영국에서는 일어났는데, 중국에서는 일어나지 않았나?"라는 물음에 대해 상하이에서 만난 중국 지식인들은 이런 조크로 대답한다.

"영국에서 산업혁명이 일어난 것은 제임스 와트가 찻물을 끓이다가 주전자 뚜껑이 들썩거리는 것을 보고 증기기관을 발명했기 때문이다. 차를 끓인 역사로 말하면 영국은 중국과 비교가 안된다. 그러나 안타깝게도 찻물을 끓이는 중국의 주전자는 뚜껑이 무거운 쇠였기 때문에 들썩거리지 않아서 중국에서는 증기기관이 발명되지 못한 것이다."

물론 중국 지식인들의 그런 대답은 조크에 불과하다. 중국에서 산업혁명이 일어나지 않은 것은 찻물을 끓이는 주전자의 뚜껑이 무거운 쇠로 되어 있었기 때문이 아니라, 유럽에서는 산업혁명이 일어날 즈음에

기체에 열을 가하면 기체의 부피가 늘어나고, 어느 정도의 열을 가하면 기체의 부피가 얼마나 늘어나는지에 대한 보일·샤를의 법칙과 라브와지에의 법칙을 비롯한 기체화학 지식의 축적이 이미 프랑스를 중심으로 이루어져 있었기 때문에 증기기관의 발명도, 산업혁명도 가능했던 것이다.

유럽에서 산업혁명이 시작되고, 증기기관의 발명으로 돛을 이용한 범선을 기선으로 발전시킨 영국과 프랑스의 군사력이 역사상 처음으로 동아시아로 선너와서 중국을 무너뜨린 것이 바로 1840년에 시작된 아편전쟁이었고, 과학기술에서 서양에 뒤진 청 제국은 마침내 1912년 운명을 다하게 됐다. 중국의 뒤편에서 마찬가지로 서양의 과학기술 문명에 속수무책이던 조선왕조도 뒤따라 무너질 수밖에 없었다.

동아시아에서는 일본만이 재빨리 유럽의 과학기술을 습득해서 살아남았다. 그 흔적은 영어의 사이언스(science)를 과학(科學)이라는 한자(漢字)로 번역한 것은 중국도 조선도 아닌 일본이었다는 사실로도 알 수 있다. 중국의 검색엔진 바이두(百度)에 따르면 일본의 계몽사상가들이 1888년에 영어 science를 중국의 과거지학(科擧之學·인재로 선발될 사람이 꼭 알아야 하는 학문)이라는 말에서 따서 과학이라고 했고, 이 과학이라는 말을 1893년 개혁사상가 캉유웨이(康有爲)가 공식적으로는 처음 사용하기 시작해서 중국에 퍼졌다고 되어 있다.

1876년 강화도조약이 체결된 뒤 수신사로 처음 일본에 다녀온 김기수(金綺秀)가 메이지유신 이후 발전된 일본의 문물을 시찰하고 기록한

책 《일동기유(日東記遊)》에는 일본이 과학적 법칙을 적용해서 만든 철선을 인천에서 타고 일본으로 가던 바다위에서 놀라와 하던 내용이 기록돼 있다.

세월호의 비극은 낡은 신박을 일본에서 사들여와 불법개조하고 철선이 어떤 원리로 바다 위에 뜨고 균형을 잡는지를 제대로 이해하지 못한 선사 직원들이 평형수를 빼고 과적한 데서 비롯됐다는 데 생각이 미치면 우리의 근대화는 아직도 멀었다는 생각을 하게 된다. 그런 생각너머에서 아직도 우리가 흔히 쓰는 말 "괜찮아", 그리고 청말부터 중국 지식인들이 중국인들의 비과학적 사고방식의 표출이라고 지적해 온 "차부두어"(差不多·그게그거야)란 말이 귀에 들리는 듯하다. 과학이 지배하는 물질세계에서는 어느 선에 이르면 괜찮지 않게 되고, 어느 선에 이르면 그게 그것이 아닌 때가 오는 법인데도 말이다.

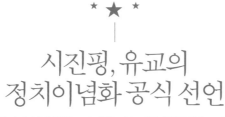

시진핑, 유교의 정치이념화 공식 선언

중국공산당이 수십년 동안 고수해온 마오쩌둥의 반(反)유교 정치 뒤집어

"**중**국공산당인(黨人)들은 마르크스주의자들입니다. 마르크스주의의 과학적 이론을 견지하면서도, 중국 특유의 사회주의를 발전시켜왔습니다. 그러나 중국공산당인들은 역사 허무주의자도 아니고, 문화 허무주의자도 아닙니다. …중국공산당인들은 중국인민들을 이끌고 혁명과 건설, 개혁을 진행하는 과정에서 시종여일하게 중국의 우수한 전통문화의 충실한 계승자이자 홍양자(弘揚者)로서 역할을 다해왔습니다. 우리 모두는 주의를 기울여 공부자(孔夫子)에서 쑨중산(孫中山)에 이르기까지 그들의 사상으로부터 영양분을 적극적으로 흡수해야 할 것입니다."

시진핑 중국 국가주석은 2014년 9월 24일 베이징 인민대회당에서 열린 공자탄신 2565주년 국제학술세미나 겸 국제유학(儒學)연합회 제 5차 총회 개막사를 했다. 중국공산당 총서기를 겸하고 있는 시진핑 주석은 이런 말도 했다.

"중국 인민들은 지금 두 개의 100년이라는 투쟁 목표를 실현하기 위해 노력하고 있습니다. 그 가운데 소강(小康) 사회의 전면적 건설이라는 목표에 나오는 소강이라는 개념은 《예기(禮記)》 예운(禮運)편에 나오는 개념으로, 중화민족이 옛날부터 추구해오던 이상(理想)적인 사회 상태를 말하는 것입니다. 소강이라는 개념을 사용해서 중국의 국가 발전 목표를 확립한 것은 중국의 실제 상황과 부합할 뿐만 아니라, 인민들의 광범위한 지지를 받고 있기도 합니다."

시진핑이 말한 두 개의 100년이란 2012년 11월 중국공산당 제18차 전국대표대회(당 대회)에서 채택한 국가발전 목표로, 1921년 중국공산당 창당 이래 100년이 되는 2021년까지는 '전면적인 소강 사회'를 건설하고, 1949년 중화인민공화국 정부 수립 이후 100년이 되는 2049년까지는 중화 민족의 위대한 부흥이라는 꿈(中國夢)을 실현한다는 개념이다. 이 가운데 첫 번째 100년, 다시 말해 중국공산당 창당 이래 100년이 되는 2021년까지 전면적인 소강사회의 건설을 향해 중국 인민들이 노력하고 있는데 여기에 활용된 소강사회라는 개념이 바로 유교의 교과서인 《예기》의 예운편에 나오는 개념임을 분명히 한 것이다.

비록 국가주석의 자격으로 참석하기는 했지만, 중국공산당 총서기를 겸하고 있는 사람이 공자 탄신 기념 국제학술대회에 나가 연설을 한 것은 이번이 처음이며, 공개적으로 마르크스 레닌주의자들이 만든 중국공산당 조직원들에게 공자의 가르침에서 사상적 영양분을 공급받아야 한다고 촉구한 것도 1921년 중국공산당이 창당된 이래 처음 있는 일이다. 그런 놀라운 행동이 사실은 별로 놀라운 행동이 아니라, 중국공산당과 인민들은 개혁개방 이래 소강 사회의 건설이라는 유교적 개념을 국가목표로 삼아 이미 36년째 노력해오고 있는 중이라고 분명히 밝힌 것이다.

소강(小康)이라는 개념은 고대의 자연경제적 조건 아래에서도 비교적 여유 있는 생활 상태가 가능한 사회를 가리키는 말로, 천하 사람들이 모두 공(公)을 행하는 대동(大同)사회가 이루어지기 직전의 상태를 가리키는 말이다. 이 말은 1978년 12월 중국공산당 제11기 중앙위원회 3차 전체회의(11기 3중전회)에서 2년 전 마오쩌둥 사망 이래 주인 없이 굴러다니던 실권을 장악한 덩샤오핑이 유교의 경전 예기에서 꺼내어 중국공산당원과 인민들에게 제시한 개념이다.

덩샤오핑은 1979년 12월 베이징을 방문한 오히라 마사요시 일본 수상에게 "우리 중국은 1인당 국민소득을 두 번 배가해서 800달러로 만들 계획입니다… 그렇게 된다면 이번 20세기 말쯤에 중국에는 소강사회가 건설되겠지요."라고 말했다. 1949년 10월 1일 중화인민공화국 정부 수립 이래 사회주의 사회의 건설을 추구해오던 이상적 사회주의자 마오쩌둥이 1976년 9월 9일 병사한 지 2년 만에 실권을 장악한 실용적 사회주의자 덩샤오핑이 부국강병을 목표로 하는 개혁개방 정책을 추진하면서 중화인민공화국의 새로운 국가목표가 소강사회의 건설임을 오히라 수상 접견을 통해 국내외에 선포한 것이었다.

이후 덩샤오핑은 자신이 추진하는 개혁개방 정책의 목표가 등 따뜻하고 배부르게 사는 사회의 건설이며, 1인당 국민소득을 1980년부터 20년 이후인 2000년까지는 2배의 2배, 즉 4배(翻兩番)로 만드는 것임을 인민들에게 설명했다. 200달러 수준에 머물러 있던 1인당 국민소득을 800달러로 만들겠다고 약속한 것이다. 그렇게 되면 중국은 고대 이래로 중국인들이 추구해오던 소강사회가 될 것이라고 중국인민들에게 말함으로써, 마오쩌둥이 유교를 바탕으로 하는 봉건사회의 타파를 중국공산당의 슬로건으로 해서 37년 간 이끌어오던 마오의 반(反)유교 정치를 슬쩍 뒤집어 엎어버린 것이었다.

프롤레타리아 독재를 수단으로 해서 이상적 공산사회를 건설하겠다면서 온 대륙을 다 뒤집어놓았다가 10억 인민들을 가난과 배고픔으로 몰아넣었던 마오쩌둥의 잘못을 덩샤오핑은 소강사회의 건설이라는 말로 고쳐놓았다. 대부분의 인민들이 등 따뜻하고 배 부르게 사는 소강사회의 건설이라는 알기 쉬운 정치적 약속은, 덩샤오핑이 권력을 넘겨준 장쩌민 총서기 겸 국가주석에게 계승됐고, 장쩌민으로부터 권력의 바통을 이어받은 후진타오는 허시에(和諧)라는 소강사회보다는 다소 평등적 의미가 가미된 유교적 개념을 제시했다. 장쩌민의 후원으로 후진타오의 후임자가 된 시진핑은 2011년 당 대회를 통해 중국공산당이 이끄는 중국의 국가목표가 소강사회의 건설임을 분명히 한 데 이어 이를 바탕으로 이번에는 정치적으로도 유교를 치국과 정치의 이념으로 활용할 것임을 공개적으로 천명한 것이다.

베이징 칭화대학의 캐나다 출신 철학교수 다니엘 벨(Daniel A. Bell, 《이데올로기의 종언》을 쓴 미국 사회학자와 동명이인) 교수는 2006년에 《중국의 새로운 유가 사상》(China's New Confucianism : Politics and Everyday Life in a Changing Society)이라는 책을 썼다. 그 책에서 벨 교수는 "현재 중국에서 지식인들은 아무도 마르크스 레닌주의에 대해 화제로 삼지 않는다."고 썼다. 덩샤오핑의 실용주의가 36년간 이끌어온 중국사회는 마오가 폐기했던 유교를 어느새 국가목표를 설정하는데 활용해왔고, 이제는 유가사상을 새로운 정치 이념과 제도로 활용하는 단계로 공개적으로 변화해가고 있다.

TV 드라마 덩샤오핑과
장쩌민 사망설

**장쩌민이 자신의 수하인 저우융캉이 부패혐의로 단죄받는 것에
충격을 받아 사망했다는 식의 근거 없는 루머는 중국 현실정치와 거리 멀어**

중 국 관영 중앙TV는 '역사적 전환기의 덩샤오핑'이라는 드라마를
같은 시간대 시청률 1위로 인기리에 방영중이다.

1904년 8월 22일생인 덩샤오핑 탄생 110주년을 기념해서 2014년 8
월 8일 저녁 8시에 제1회분 방영을 시작했다. 드라마는 5년 전인 2009
년에 중국공산당 중앙문헌연구실이 처음 기획한 이래 2013년 2월 크
랭크인 해서 모두 48회분으로 제작됐다. 중국 개혁개방 정책의 총설
계사로 중국 대다수 인민들의 존경을 받고 있는 덩샤오핑의 일생 가운
데 1976년부터 1984년까지의 8년간을 그린 것으로 배우들이 역사적
인물들의 역할을 맡아 사실(史實)을 재현한 실화 드라마이다.

제1회는 1949년 중화인민공화국 정부가 수립된 이래 37년간 최고

권좌에 앉아 무소불위의 권력을 휘두르던 마오쩌둥이 1976년 9월 9일 사망한 뒤 마오에 의해 장시(江西)성 농촌에 격리돼 있던 덩샤오핑 가족들의 이야기로 시작한다. 드라마의 제1회와 2회는 마오쩌둥이 죽은 뒤 군 지휘권을 쥐고 있던 예젠잉(葉劍英)이 문화혁명의 주동자 장칭(江靑)을 비롯한 네 명의 핵심 사인방을 전격 체포하는 과정을 그려놓았다. 장시성의 농촌에 격리 수용돼 있던 덩샤오핑 가족들은 "사인방이 타도됐다."는 소식을 전해 듣고 기뻐하며 환호한다.

11월 9일 저녁 9시에 방영된 제40회 드라마 '역사적 전환기의 덩샤오핑'은 최고 지도자가 마오쩌둥에서 덩샤오핑으로 바뀐 중국의 농촌에서 어떤 변화가 일어났는지를 묘사했다. 드라마는 '바오간 다오후'(包干到戶)라는 개념을 다루고 있다. 바오간 다오후란 마오쩌둥 시대에 농촌에 조직돼 있던 인민공사나 생산대대(生産大隊)를 농민들이 자발적인 결의로 해체시키고, 땅을 농민들이 분할해서 경작하기로 한 일종의 계약생산제를 말한다. 마오쩌둥 시대와 덩샤오핑 시대가 달라진 점이 있다면 바로 농촌의 토지 소유와 경작 방식이 혁명적으로 바뀐 점인데, 이 과정을 덩샤오핑은 별다른 노력을 기울이지 않고 농민들이 각자 알아서 하도록 내버려 두자는 간단한 의견 제시로 농촌개혁을 성사시키는 과정을 보여주었다.

아직 마오쩌둥 시대의 집단생산 체제가 기본으로 되어 있었고, 각 농가의 개별 경작은 불법인 상황에서 개별 경작을 주장하는 농민들과 사회주의적 집단 생산을 고수하려는 농민들 사이에 논쟁과 다툼이 끊이지 않고 있었다. 농가별 개별 경작을 처음 시작한 안후이(安徽)성 한 농촌 마을을 비롯해서 곳곳에서 벌어지는 논쟁과 다툼에 대한 보고를 받은 덩샤오핑은 당 간부들에게 "농민들에게 결정을 맡기고 내버려 두자…사상 해방이 안 된 사람들이 있어서 그런거니까"라고 말한다. 그러면서도 개별 경작 방식이 생산량이 많을 건 뻔한 거니까 너무 걱정 안 해도 된다고 말하는 작은 거인의 모습을 드라마 제40집은 그리고 있다. 무슨 일만 있으면 이쪽인지 저쪽인지 결정을 못내리고 서로 싸우며 사회를 표류시키는 정치 지도자들과는 사뭇 다른 모습이다.

드라마에 대해 우리 식대로 의문을 제기하자면, 왜 하필이면 이때 덩샤오핑 일대기를 방영하느냐는 물음을 던져볼 수 있다. 시진핑 현 중국공산당 총서기 겸 국가주석이 반(反) 부패 드라이브를 밀고나가면서 장쩌민 전 당총서기 겸 국가주석의 '수하'(手下)인 저우융캉 전 정치국 상무위원의 비리에 수술칼을 대는데 이용하기 위해, 다시 말해 반부패와 개혁 심화 드라이브를 제대로 밀고나가기 위해 덩샤오핑 드라마를 활용하기 위한 것이 아니냐는 물음이다.

물론 중국 정치에 그런 권력투쟁적 측면이 없었던 것이 아니고, 중국 정치에 등장하는 권력투쟁에 소설이나 드라마가 활용돼온 것도 사실이다. 하지만 현재의 중국 정치에서 시진핑과 장쩌민, 저우융캉 사이에 중국의 국가 목표를 놓고 노선 투쟁을 벌이는 측면은 없다고 보아야 맞다. 시진핑과 장쩌민, 저우융캉 세 사람과 덩샤오핑과의 관계를 놓고 보면, 시진핑의 아버지 시중쉰은 바로 개혁개방 정책을 덩샤오핑에게 강력히 권고했던 경제 부총리 출신의 정치지도자였고, 장쩌민은 덩샤오핑이 직접 발탁한 상하이시 당서기 출신의 개혁파 선봉이었으며, 저우융캉은 장쩌민이 자신의 후임자로 정치적으로는 다소 좌파였던 후진타오 전 당 총서기를 꼼짝 못하게 묶어두던 공안통이었다. 적어도 세 사람 사이에 노선 갈등은 없다고 보는 것이 맞다고 하겠다.

TV 드라마 덩샤오핑 방영과 비슷한 시기에 유포되기 시작한 장쩌민 사망설은 어떻게 이해해야 할까. 덩샤오핑이 "마오쩌둥 동지는 제1세대, 나는 제2세대, 징쩌민 동지는 제3세대의 핵심"이라고 그 정치적 무게를 높여준 장쩌민은 덩샤오핑의 기대를 저버리지 않고 이른바 3개 대표이론을 제시해서 중국공산당의 개혁정책을 안정시킨 인물이다. 덩샤오핑이 누구든 부자가 될 수 있다는 선부론(先富論)을 제시했다면, 장쩌민은 부자도 중국공산당원이 될 수 있다는 내용을 골자로 하는 3개 대표이론을 만들어내 프롤레타리아 혁명을 목표로 하던 중국공산당에서 계급투쟁을 제거한 커다란 업적을 남겼다. 한 마디로 오늘의 중국공산당 내에 마오와 덩이 대표로 해서 벌이던 이상주의적 사회주의 노선 고수와 실용주의적 자본주의 적응 노선 투쟁은 덩샤오핑의 승리로 이미 정리된 상태라고 보는 것이 옳을 것이다.

따라서 시진핑과 저우융캉 사이의 권력 투쟁이나 힘겨루기 과정에서 장쩌민이 시진핑이 왜 내 수하를 건드리느냐라며 울화가 터져 지병인 고혈압과 심장병이 악화돼 사망했을 가능성이 있다는 등의 억측은 중국 현실 정치와는 거리가 먼, 말 그대로 억측이라고 보아야 할 것이다. 중국공산당과 정부는 이미 1997년 2월의 덩샤오핑 사망을 새벽 2시에 관영 TV 긴급뉴스로 공개 발표한 이래 중국 정치지도자들의 사망을 불필요하게 널리 알리지도 않지만 불필요하게 감추려고도 하지 않기로 했다.

1926년 출생으로 올해 88세인데다가 늘 과체중으로 아스피린을 혈관 확장제 삼아 호주머니에 휴대하고 다니는 장쩌민의 사망설은 제기되지 않는 것이 오히려 이상하다고 보아야 할 것이다. 장쩌민에게는 후진타오 감시 역할을 맡겼던 저우융캉보다는 장쩌민 자신이 후계자로 지목한 시진핑이 더 중요한 사람이므로, 시진핑이 저우융캉을 반부패 혐의로 수사에 넘긴 것은 장쩌민에게 이해를 받은 사항이라고 보아야 할 것이다. 그런 세세한 사항을 미디어에 시시콜콜 설명하지 않는 것을 미덕으로 아는 것이 또한 중국 정치의 풍토라는 점도 우리는 이해해야 할 것이다.

저우융캉 사건

반부패 개혁 드라이브에 높은 여론지지 확인

상하이 사람들의 생각은 대체로 베이징 사람들과는 다르다. 세계와 통하는 창구인 상하이 사람들이 개방적이고 실용적이라면, 정치 중심지인 베이징 사람들은 보수적이고 이데올로기적이라고 할 수 있다. 그런 기질의 차이 때문에 상하이와 베이징은 때때로 중요한 국가정책을 놓고 서로 대립적인 자리에 서서 갈등하기도 한다.

1992년 2월은 중국이 1978년 12월에 열린 중국공산당 제11기 중앙위원회 3차 전체회의(3중전회)에서 개혁과 개방 정책을 실시하기로 방향을 결정한 지 13년 남짓 되는 때였다. 중국경제의 각 부문이 외국에서 밀려들어오는 FDI(Foreign Direct Investment)로 불이 붙기 시작하고 있었다. 밀려들어오는 외국자본과 함께 헐리우드 영화를 비롯한 미국과 유럽의 문화에 묻어들어온 정치적 자유주의에 감염(?)된 베이징 대학생과 시민들은 봄과 여름이 교차하던 5월의 천안문 광장에서 한 달 넘게 반(反) 부패와 민주주의 요구 시위 끝에 인민해방군에 유혈 진압 당하는 비극을 맞았다.

그런 정치적 혼란은 당시 개혁개방의 설계사 덩샤오핑의 정적 천원(陳雲)이 이끄는 보수파들에게 유리한 환경을 조성해주어서 중국공산당 기관지 인민일보가 이끄는 베이징의 여론을 지나치게 빠른 경제성장은 사회주의 정치체제를 위험하게 한다는 쪽으로 몰고갔다. 개혁개방 정책이 위기에 빠진 것을 본 88세의 덩샤오핑은 지팡이를 짚고 상하이로 달려갔다.

중국공산당은 1921년 상하이에서 창당됐고, 초기의 당기관지는 현재도 상하이에서 발행되고 있는 해방일보였다. 덩샤오핑의 자극을 받은 해방일보는 황부핑(黃甫平)이라는 가명의 필자가 쓰는 칼럼을 게재하기 시작했다. '황부핑평론'이라는 이름이 붙은 해방일보 칼럼은 기회를 잡았을 때 거침없이 쾌속 발전해나가자는 논조를 연일 발표해서 베이징 인민일보의 안정성장론에 맞섰다.

노구를 이끈 덩샤오핑의 발길은 선전, 광저우, 주하이를 비롯한 남부의 경제특구(FEZ · Free Economic Zone)들을 차례로 돌았고, 현지 여론들은 일제히 잘 사는 국가를 향한 쾌속 성장을 지지하는 쪽으로 몰려갔다. 나중에 남순강화라는 이름이 붙여진 덩샤오핑의 여행은 보수파 천원과 리펑 총리가 중심이 되어 조성하던 안정성장론이 패배하고 중국경제가 다시 쾌속성장의 길로 들어서는 것으로 귀결지어졌다. 베이징과 상하이의 대결, 인민일보와 해방일보의 대결은 상하이와 해방일보의 승리로 끝나게 된 것이었다.

2014년 7월 29일 반(反)부패 드라이브를 건 시진핑 당총서기의 회심의 한 수인 저우융캉 전 정치국 상무위원에 대한 당차원의 조사(사실상의 수사)에 대한 상하이의 반응은 그래서 중요한 것이었다. 더구나 저우융캉은 개혁개방의 총설계사 덩샤오핑의 첫 번째 후계자로 상하이 당서기와 시장 출신의 장쩌민의 사람이라는 점에서 상하이의 반응은 정치적 운명을 건 시진핑에게는 정치적 운명이 걸린 폭풍의 언덕인 셈이었다.

한정(韓正) 당서기가 이끄는 상하시 당위원회는 7월 30일 오전부터 베이징의 당중앙이 상하이 인근 장쑤성 출신의 저우융캉에 대한 조사에 나서면서 상하이시 당위원회에 통보한 내용에 대한 입장을 결정하기 위한 마라톤 회의에 들어갔다. 상하이 시당위원회 회의 8일째인 8월 6일 마침내 상하이 시당위원회는 베이징 당위원회의 저우융캉에 대한 조사 착수에 대한 결정을 확고히 옹호하기로 결정했다고 발표했다. 상하이 시당위원회의 결정을 본 충칭, 톈진 등 직할시(우리의 광역시)들이 잇달아 지지 성명을 발표하기 시작했고, 전국 23개 성과 직할시, 자치구 가운데 18개 성과 직할시가 지지 성명을 발표하는 흐름으로 정리됐다.

베이징의 당중앙과 인민일보가 저우융캉에 대한 조사의 정당성을 발표하고 나선 지 11일만인 8월 8일 해방일보는 '부패 분자의 직위가 높고 명성이 높을 수록 더욱 확고한 자세로 청제(淸除·청소와 제거)에 나서야 한다'는 제목의 평론을 발표했다. "사욕을 부풀리고, 권력을 남용해서 사리를 취하는 분자들이 흔히 하는 아무 일도 없을 것이라는 계산과, 자신은 보험상자(세이프티 박스)속에 들어 있다고 생각하는 것은 환각이라는 인민일보의 지적은 정확한 것이다. 문제의 고관들과 관원들은 다시는 황량미몽(黃粱美夢·덧없이 아름다운 꿈)을 꾸지 말아야 할 것이다."

대세의 흐름이 그렇게 잡히자 외국인과는 정치문제를 이야기하지 않겠다던 상하이 사람들도 조금씩 반응을 보여주기 시작했다. 반부패에 무슨 성역이 있을 수 있느냐… 형벌은 정치국 상무위원이라고 해서 피할 수 없는 것 아니냐…개혁은 정리돼서 안되고, 개방의 걸음을 멈춰서는 안 된다…오래 된 종양은 칼로 찢어야 한다…조사 받을 확률이 얼마나 되겠느냐고 생각하는 것은 탐관오리들이 자아 위로적 마취제를 맞고 환각상태에 빠진 때문이라는 말들이 주류를 이루었다.

이와 함께 해방일보가 전한 부패 관리들의 이야기, 구이저우(貴州)성 창순(長順)현 인민정치협상회의 부주석 겸 계획국 국장이라는 인물이 몰래 빼낸 공금 40만 위안(약 7천만원)을 소지하고 다니다가 돈을 넣은 바지를 창틀에 걸쳐놓았다가 도둑에게 절도당한 이야기며, 허난성 정저우(鄭州)시 당기율위원회 서기라는 인물이 뇌물로 받은 돈 40여만 위안을 철관음 차를 담은 종이상자에 넣어 다니다가 잊어버리고 상자를 폐품으로 팔아버린 이야기 등 부패관리들이 망한 스토리들을 화제로 삼고 있다. 그러는 가운데 전국적인 여론조사들 가운데 한 여론조사는 46.3%의 조사대상자들이 저우융캉 사건의 조사 결과를 기다리고 있으니 가능한 한 빨리 조사 결과를 발표해달라는 항목에 지지를 보내는 것으로 나타났다.

톈안먼 사태의 추억

**유혈진압이 중국 대학생들에게 정치에 대한 관심 줄이고,
취업과 창업 등 경제활동에 뛰어들게 하는 흐름 만들어내**

지난 2014년 6월 4일은 톈안먼 사태 25주년 되는 날이었다. 뉴욕 타임스 온라인판은 이날 두 개의 대조적인 기사를 첫 페이지에 실었다. 하나는 톈안먼 광장 시위를 진압하기 위해 1989년 5월 베이징 시내로 진입했던 중국인민해방군 제38집단군 최고 지휘관 쉬친셴(徐勤先) 장군에 관한 이야기고, 다른 하나는 사태 당시 베이징대학 학생지도자였다가 지금은 재벌급 부자가 된 샤오젠화(肖建華)에 관한 이야기였다.

두 이야기 모두 지금까지 잘 알려지지 않은 발굴 스토리다. 잘 읽어보면, 25년 전 덩샤오핑이 이끄는 중국공산당 지도부가 군대를 동원해서 대학생과 시민들의 시위를 유혈진압했는데도 불구하고 체제가 무너지지 않고 유지되면서 빠른 경제 발전이 지속적으로 이뤄진 데 대한 뉴욕타임스의 황당한 속생각을 잘 반영한 기사 배치라는 점을 읽을 수 있다. 민주주의를 지킨다는 자부심을 갖고 있는 뉴욕타임스의 상식으로는 대학생과 시민들을 유혈로 억눌렀으면 벌써 정권이나 체제가 붕괴해야하는 법인데, 25년이 지나도록 무너지기는 커녕, 빠른 경제발전을 이루어 미국과 함께 G2로 불리게 된 중국을 도대체 어떻게 보아야 하느냐는 황당스런 속마음을 내비쳤다고도 할 수 있겠다. 그런 속마음이 쉬친셴 장군의 이야기와 베이징대 출신 부호(富豪)의 이야기를 동시에 게재토록 한 것이다.

뉴욕타임스에 따르면, 쉬친셴 장군은 시민 학생들을 유혈진압해서 역사의 죄인이 되느니보다는 내가 목이 잘리는 것이 낫겠다라는 말을 했다고 한다. 그 뒤 직위해제 당하고, 감옥에서 4년간 복역해야 했다. 한국전쟁에도 투입되어 명성을 날렸다는 제38집단군의 최고 지휘관이었지만, 시민 학생들에 대한 유혈진압을 회피해보려다가 불행한 군인이 된 쉬친셴 장군의 이야기를 통해 톈안먼 사태 당시 중국공산당 지휘부가 당시에 얼마나 내부 분열을 일으키고 있었는가 하는 점을 뉴욕타임스는 전달하고 싶은 것으로 보였다. 하지만 쉬친셴 장군의 이야기 만으로는 지금의 중국을 제대로 설명할 수 없었다.

톈안먼 사태 이후 25년간 사업가로 성공한 샤오젠화의 이야기를 통해 중국의 흐름을 설명할 필요가 있었던 것이다. 샤오젠화는 베이징 대학생의 몸으로 컴퓨터 판매를 시작했다가, 막 자리잡은 증권시장 투자를 통해 재산을 불려가고, 고위 정치 실력자의 배경을 이용해서 몸집을 불리고, 결국엔 캐나다와 미국에 대한 해외투자에서도 성공을 거두었다. 샤오젠화의 이야기를 통해 정치적인 면에는 문제가 있었으나 경제적인 면에서는 성공한 중국 사회의 단면을 보여주고 싶었던 것으로 추정된다.

톈안먼 사태 당시 홍콩에 주재하는 한국 언론사 특파원들이 4월 중순에 베이징으로 취재를 간 것은 당초 5월 16일로 예고된 덩샤오핑과 미하일 고르바초프 소련공산당 서기장 사이의 30년 만의 중소 화해 회담 때문이었다. 당시 베이징에는 전 세계에서 1000여 명이 넘는 외국기자들이 몰려와 취재를 벌였고, 중국공산당 지도부가 부패했고, 민주주의를 제대로 시행하지 않는다는 불만을 갖고 있던 베이징대 학생들은 마침 외국기자들이 베이징에 와 있다는 점을 활용하기 위해 시위를 계획하고 있었다.

그러던 중 4월 15일 개혁적 성향의 후야오방 중국공산당 총서기가 심장마비로 갑자기 사망하자, 후 총서기의 죽음을 추도한다는 명목으로 천안문 광장에 모이기 시작한 것이었다. 그러니까 톈안먼 광장 시위는 4월 15일의 후야오방 총서기 사망을 계기로 후 총서기의 죽음을 애도한다는 명목으로 광장에 모이기 시작했고, 그런 시위가 덩샤오핑과 고르바초프 사이의 회담 취재를 위해 베이징에 모여든 외국기자들을 통해 전 세계에 생중계됐고, 그 과정에서 시위가 에스컬레이트 되기 시작했다.

시위는 톈안먼 광장에 한 달이 넘게 1백만 명으로 추산되는 대학생과 시민들이 모여서 광장 중심부의 인민영웅기념탑 주위에 자리를 잡은 왕단(王丹), 우얼카이시(吾爾開希), 차이링(蔡玲)을 비롯한 대학생 시위지도부를 중심으로 한 농성으로 발전했다. 그 과정에서 학생들은 덩샤오핑의 이름인 샤오핑(小平)과 발음이 같은 샤오핑(小瓶·작은 병)을 낚싯대에 매달아 광장 여기저기서 병소리를 내며 끌고 다님으로써 중국공산당 지도부를 조롱하는 일도 벌어졌다. 거기에다가 중소 정상회담을 위해 5월 중순 베이징에 도착한 고르바초프가 시위대들 때문에 톈안먼 앞의 창안제(長安街)를 통과하지 못하고, 뒷길로 돌아 숙소인 베이징 서쪽의 댜오위타이(釣魚臺)로 가는, 중국 지도자들로서는 창피한 일도 벌어졌다.

마침내는 광장의 시위학생들이 미국 뉴욕 자유의 여신상과 비슷한 석고상을 만들어 톈안먼 바로앞 광장에 세우자 덩샤오핑을 비롯한 중국공산당 지도부의 인내는 한계를 넘고 말았다. 운명의 6월 3일 밤 10시 베이징 동서에서 진입한 인민해방군 제38집단군과 제17집단군은 시위대의 저항을 장갑차로 밀어붙이며 광장 한복판으로 진입했고, 다음 날 새벽까지 이른바 '광장 청소 작업'을 마무리 했고, 광장은 다시 평소의 빈 광장으로 되돌아갔다. 당시 사망자 숫자는 지금도 정확히 확인할 길이 없으나 중국정부는 대체로 300~400명 정도, 외국 언론들은 1000여명의 사망자가 시위대와 진압군인들 내에서 발생한 것으로 추정했다.

텐안먼 광장 시위는 중국에 무엇을 남겼을까. 1989년 춘하지교(春夏之交·봄과 여름이 교차하던 때)에 벌어진 텐안먼 광장 시위는 1978년 말에 시작된 덩샤오핑의 개혁개방이 10년째 되던 해에 빚어진 사태였다. 시위를 유혈 진압한 중국공산당 지도부는 이후 오로지 경제발전에 매달렸다. 마치 달려야 자전거가 넘어지지 않는다는 말처럼 계속 경제발전을 위해 달려야 체제의 정당성이 겨우 유지되는 상황에서 모든 것을 경제발전에 쏟아붓지 않을 수 없었다. 그 점은 정치적으로는 민주화를 제대로 하지 않은 채 경제발전을 추구한 당시 동아시아 사소룡 중의 하나인 한국과 같은 처지였다는 점에서 중국 정치경제 체제를 신 권위주의라고 부르기도 했다.

25년이 흐른 지금에 와서 되돌아보면 텐안먼 사태의 유혈진압은 중국 대학생들에게는 정치에 대한 관심을 줄이고 취업과 창업 등 경제활동에 뛰어들게 하는 흐름을 만들어냈다. 우리가 남긴 선례에서 보면 박정희 대통령 시대의 비민주적 통치가 일부 운동권을 제외한 많은 대학생들의 정치에 대한 관심을 축소시키고, 그러다보니 '정치를 소홀히 하면, 정치로부터 버림받는다.'는 정치학의 격언처럼 한국정치가 많은 문제점을 안게 된 상황이 형성됐는지도 모를 일이다.

능력을 가진 인물들이 정치를 선망하고, 정치에 뛰어들고, 그럼으로써 우수하면서도 존경받은 정치가가 생산되는 사이클이 우리 사회에 필요하게 된 결과를 낳았다고나 할까.

초호화판
결혼식과 정전

명암 교차하는 중국경제, 도 넘은 신흥부자들의 과시욕

푸단(夏旦)대 방문교수로 서울과 상하이를 오가며 생활한 지 4개 월째. 푸단대 교수들 몇 명과 금요일 저녁에 캠퍼스 부근의 공원 호숫가에 자리 잡은 호텔로 가서 저녁 식사를 함께 할 기회가 있었다. 푸단대 교수들 가운데 한 명이 나에게 고마움을 표시할 일이 있다면서, 자신의 부인이 그 호텔의 고위 경영자로 일하기 때문에 직원 디스카운트를 받을 수 있다며 만찬 초청을 한 것이었다. 푸른 나무가 우거진 공원 호숫가, 벽 한 면 전체가 유리로 된 널찍한 창에 가득 들어오는 6월의 아열대 녹음을 배경으로 푸른 호수가 펼쳐진 싱그럽고 멋진 분위기였다.

땅 넓은 중국이라 그런지 높직한 천장과 커다란 초대형 식탁이 방의 한쪽에 놓여 있고 나머지는 빈 공간으로 처리한 여백의 미학을 잘 살린 룸이었다. 초청한 교수는 담근 지 30년이 넘는다는 황주(黃酒) 한 항아리를 내놓았다. 황주는 쌀로 빚어 알코올 도수가 13도 정도 되는 발효 저도주(低度酒)로, 부잣집에서 딸을 낳으면 담가서 땅에 파묻어 두었다가 시집보낼 때 하객(賀客)들을 대접한다는 술이다. 북방의 중국인들은 추운 날씨 때문인지 알콜 도수 53도의 백주(白酒)를 즐겨 마시지만, 여름이면 섭씨 38도까지 쉽게 올라가는 아열대 기후의 상하이에서는 황주를 즐긴다.

만찬은 부담스러울 정도로 화려한 상하이 요리를 안주로 황주잔을 부딪히며 푸단대 교수들이 겪은 문화혁명 시절의 어려웠던 이야기를 유머러스하게 풀어놓아 웃음이 넘치는 즐거운 자리였다. 놀라운 목격담은 만찬이 끝난 후에 호텔 여기저기를 구경하는 과정에서 빚어졌다. 3층의 대연회장에 들어서자 다음 날인 토요일에 열릴 결혼식 연회 준비가 한창인 광경이었다. 대연회장에는 10명이 함께 앉는 식탁이 눈으로 세어 100석은 족히 되는 어마어마한 혼례식 준비가 완료된 광경이 눈에 들어왔다. 천장에서는 초대형 샹들리에들이 최종 점검을 위해 환하게 켜놓은 불빛을 받아 빛나고 있었다.

"여기가 상하이뿐만 아니라 요즘 중국 대륙 전역에서 한창 유행하는 호화결혼식이 내일 벌어질 연회장입니다. 한 테이블에 10명이 앉으면 테이블당 가격이 7000위안(약 120만 원)으로 하객 한 명 당 우리 돈으로 12만원인 풀코스 중국 요리가 제공됩니다. 하객들은 이런 경우 대체로 2000위안(32만원) 정도의 축의금을 내야 합니다. 우리 교수들로서는 도저히 낼 수 없는 축의금입니다."

그래서 푸단대 교수들은 가능한 한 결혼식 참석을 피한다. 어떤 교수들은 혼주인 친구에게 절대로 결혼식 초청장은 보내지 말아달라는 전화를 미리 걸어두기도 한다. 중국의 결혼식 초청장은 우리처럼 웬만한 지인들에게 다 보내는 것이 아니라, 꼭 참석할 것으로 판단되는 친구들에게만 보낸다. 청첩장을 받은 사람은 반드시 참석해야 하는 것이 중국의 결혼식 예절이다.

중국의 결혼식은 우리와는 달리 결혼식 당일 신랑이 신부의 집으로 가서 신부와 하객들을 모시고 결혼식장으로 가서 진행된다. 그런데 1978년에 시작된 개혁개방 36년만에 생겨난 부자들은 바로 이 과정에서 벤츠나 벤틀리, 링컨 컨티넨탈을 비롯한 고가의 외국산 승용차를 수십 대씩 준비해서 하객들을 태우고 결혼식장으로 가는 차량행렬, 즉 호화 처뚜이(車隊)를 경쟁적으로 과시하는 풍조를 요즘 보여주고 있다. 신랑과 신부는 포르쉐, 페라리, 아우디, 캐딜락 등 외제 스포츠카의 행렬을 지어 가기도 한다.

개혁개방과 함께 엄격히 실시된 한 자녀 갖기 가족계획 정책 아래 자라난 소황제(小皇帝) 소황녀(小皇女)를 장가보내고, 시집보내는 데 중국 부모들은 얼마만한 비용을 지불하게 될까. 푸단대 교수가 구경시켜준 그 호텔에서 결혼식을 치른다고 하면 최소한 100개 테이블의 식대만 70만 위안(약 1억 1500만원)이 된다. 2년 전 쯤 베이징시 교외의

한 촌(村) 간부는 아들을 장가보내면서 3일에 걸쳐 250석 정도의 연회장에 손님을 초청해서 먹고 마시면서 혼례를 치른 결과 160만 위안(약 2억 6000만원)의 비용을 자신이 관리하는 촌정부 예산에서 빼내 지불했다가 체포돼 감옥으로 가야 했다.

호화판 호텔 결혼식장의 번쩍이는 샹들리에를 구경하고 온 날 밤 숙소로 묵고 있던 호텔형 아파트에는 정전 사태가 벌어졌다. 하루 숙박비로 우리 돈 3만 8000원을 지불하는 염가의 레지던스형 호텔 22층에 묵고 있다가 서울로 가기 위해 커다란 트렁크를 들고 새벽 4시에 호텔을 떠나야 하는데 호텔 엘리베이터는 정전으로 멈춰서 있었다. 비행시간에 맞추기 위해서는 할 수 없이 22층을 비상계단으로 커다란 트렁크를 들고 1층 로비까지 내려가야 했다.

정전이면 호텔에 비상발전기도 없느냐고 항의해보았지만 프론트 직원은 벨보이들이 출근하기 전이라 도와줄 방법도 없다고 했다. 결국 커다란 트렁크를 들고 22층에서 가까스로 1층 로비에 도착하자 프론트 직원은 미안했던지 "결국은 중국공산당이 책임져야 할 문제"라는 말을 했다. "정전 사태와 공산당이 무슨 관련이 있느냐, 당 이야기는 왜 꺼내느냐"고 했더니 "정전이 되게 한 잘못은 전력공사에 있지만 전력공사를 책임지고 있는 경영인이 당에서 파견한 사람이니 공산당이 책임져야 할 문제라고 말한 것"이라고 설명했다. 이 호텔의 프론트 직원처럼 중국 인민들은 잘못되면 모두가 중국공산당 탓이라고 하니, 중국공산당의 어깨가 너무 무겁지 않을까 하는 생각이 들었다.

한 쪽에서는 한 테이블에 130만원이나 하는 초호화판 식탁을 차려 대형 바다가재에 진주전복, 각종 생선구이를 다 먹지 못해서 대부분 남기는가 하면, 기본이 2000위안인 결혼 축의금을 결혼식장에 파견된 은행 직원들이 자루에 쓸어 담아가서 바로 입금시키는 광경이 벌어지는 반면, 같은 도시 내의 다른 지역에 있는 아파트에서는 정전으로 새벽에 22층을 비상계단으로 내려가야 하는 웃지 못할 희비극이 상하이에서 벌어지고 있다.

현실화되고 있는
한국 대학졸업자의 상하이 취업

상하이 기업들 한국 대졸자들에게 만족할 만한 월급 제공할 여건돼

필자가 가르친 한 한국 대학졸업생이 상하이에서 인턴으로 6개월 간 일하게 됐다고 연락을 해왔다. 한 달 월급 170만원에 30만 원 정도의 주택 보조금까지 주는 조건이어서 한국에서 인턴을 하는 것 보다 조건이 나아서 선뜻 인터넷 응모를 했더니 면접을 거쳐 합격이 됐다면서 기뻐했다. 더구나 주 3일만 근무하면 되고, 나머지 시간에 는 중국 최첨단 도시 상하이에서 생활하며 중국어 공부를 할 수 있어 서 아주 만족스런 조건으로 생각한다고도 했다. 자신뿐만 아니라, 다 른 한국 대졸자들도 두세 명 함께 합격해서 함께 일하게 돼 더욱 기분 이 좋다고도 했다. 그러면서 6개월 간 인턴으로 열심히 일해서 정직원 이 될 수 있도록 노력해보겠다는 다짐도 했다.

중국경제의 발전 속도가 빨라 언젠가는 한국 사람들이 중국에서 취업하는 흐름이 생겨날 것이라는 말들을 중국에 진출한 한국 기업인들은 1992년 한중수교 직후부터 해왔다. 그런 예상이 마침내 현실이 되어 나타나기 시작한 것이다. 중국 기업들이 마침내 한국 국내기업들보다 더 만족스러운 조건을 제시하고 한국 대졸자들을 채용해서 한국 인력들이 중국으로 수출되는 경우가 생겨나기 시작한 것이다.

현재 한국 대졸자들의 초임 연봉은 가장 조건이 좋은 30개 공기업의 신입사원 초임 평균(平均)이 3136만원으로, 매월 260만원 정도인 것으로 조사됐다. 이는 취업포털 '사람인'이 공공기관 경영정보 공개시스템인 '알리오'에 공시된 30개 공기업(준정부기관, 기타공공기관 제외)의 2013년 경영공시자료를 분석한 결과였다. 대졸 초임 연봉이 가장 높은 공기업인 인천국제공항공사의 신입사원(대졸, 사무직, 군 미필자, 무경력자 기준) 초임은 최고 3962만원인 것으로 2014년 5월에 조사됐다.

중국 대학 졸업생들의 한 달 월급은 어느 정도일까. 중국 검색엔진 바이두(百度)에 따르면, 중국 최고의 이공계 명문대학 칭화(淸華)대 출신들이 받는 월봉이 가장 높아 지난 2011년에 평균 5339 위안(약 90만원)을 받은 것으로 나타났다. 2위는 상하이 자오퉁(交通)대학이 2위로 4808위안, 3위는 푸단(夏旦)대학으로 4726위안, 4위는 베이징대학으로 4620위안을 받은 것으로 조사됐다. 칭화대 출신들이 3년 전에 받은 최고 월급 90만원은 실제 구매력을 우리와 중국의 빅맥지수를 넣어 환산해보면, 약 130만원 정도로 한국 대졸자들이 조건이 좋은 공기업에서 받는 월급의 2분의 1정도는 되는 수준인 것으로 계산해볼 수 있다. 그렇다면 중국에서 가장 소득이 높은 도시인 상하이의 기업에 따라서는 한국 대졸자들이 만족할 만한 월급을 충분히 제공할 수 있는 여건이 된 것이다.

중국 지식인들이 가장 신뢰하는 신문으로 자리를 잡아가고 있는 베이징의 신경보(新京報)는 2014년 5월 28일자에 같은 해 8월에 대학을 졸업하는 대졸자 1만 명 정도를 조사한 결과 중국 대졸자들이 희망하는 초임은 월 평균 3680위안(매매기준율로 계산하면 약 62만원)이라고 보도했다.

이 수치에 실제 구매력을 평가하기 위한 빅맥지수를 곱해보면 약 90만원이 되니 2014년 현재 중국 대졸자들이 받기를 희망하는 초임 월급 평균은 90만원 정도라고 보면 근사치가 될 것이다. 평균이 90만원이므로, 출신 대학과 기업에 따라서는 우리의 대졸자 초임보다 많은 월급을 받는 경우를 충분히 상정해볼 수 있는 환경이라고 추산해볼 수 있다.

참고로 2014년 가을 졸업하는 미국 대학 졸업생들의 평균 초임 연봉은 4만 8707달러(약 5000만원) 정도라고 미국의 월스트리트 저널이 2014년 9월 3일 미국 대학고용주 협회(NACE)의 자료를 인용해서 보도했다. 중국의 대졸자들의 초임 월급이나 연봉이 아직 미국의 대졸자들이 받는 보수와는 많은 거리가 있지만 이미 우리의 대졸자들의 초임 수준은 충분히 따라잡을 거리까지 추격해왔다고 할 수 있다.

1992년 8월의 한·중 수교 당시 중국을 여행한 한국인들은 한결같이 중국경제는 우리의 1960~70년대 수준이라며 어깨를 으쓱대기도 했다. 그러던 것이 수교 22년 만에 두 나라 대졸 초임자들의 연봉, 월봉이 큰 차이가 없는 수준으로 바뀌고 있는 흐름을 보이고 있다. 다시 말해 이제 한국의 대졸자들이 중국에서 가장 소득이 높은 도시인 상하이에는 취업 가능한 수준으로 변화한 것이다.

물론 한 해에 중국의 대학 졸업생의 숫자가 무려 700만 명으로 취업난이 가중되고 있는 현실에서 한국의 대학 졸업생들이 중국에서 일자리를 찾기란 극히 어려운 일이겠지만 적어도 수치상으로는 한국 대학 졸업생들의 중국 취업이 가능한 환경으로 바뀌었다는 점을 인지하기는 해야 할 것이다.

1949년 사회주의 중화인민공화국 정부가 베이징에 수립된 이래 중국경제는 1966년부터 1976년까지 10년 동안의 문화혁명 기간을 거치는 동안 거의 성장을 못했거나 마이너스 성장을 했다. 그 결과 1992년 수교할 당시 중국을 여행한 한국인들의 눈에는 1960~1970년대 수준으로 비쳐졌다. 그러나 중국은 1978년 개혁개방의 총설계사 덩샤오핑이 시장경제가 자본주의의 전유물은 아니다, 사회주의도 시장경제를 할 수 있다고 설파하며 사회주의 경제 체제를 자본주의 체제로 전환시키는 제2의 장정(長征)에 나선 이래 무섭게 빠른 속도로 변해왔다.

덩샤오핑은 개혁개방을 강력하게 추진하는 과정에서 도대체 우리 체제는 사회주의냐 자본주의냐라는 이의를 제기한, 이른바 성사성자 (姓社姓資)논쟁이 일자 "우리의 성이 무엇인지 묻지 말라."는 한 마디 말로 논쟁을 가라앉혔다. 이후 중국경제는 빠른 속도의 발전을 거듭해 왔다. 아이러니컬한 것은 우리는 중국이 1966년부터 10년간 겪은 내부 정치 투쟁을 벌써 10년 넘게 계속하고 있다는 점이다. 그러는 가운데 어느새 우리의 대학 졸업생들이 중국 기업에 취업하는 흐름이 생겨나게 된 것이다.

중국이 아무런 생산성 없는 내부 정치 투쟁인 문화혁명을 10년 간 진행하는 동안 경제발전이 정체되거나 후퇴한 전철을 우리가 밟을 필요는 절대로 없다고 해야 할 것이다.

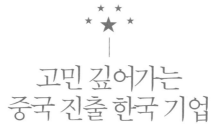

고민 깊어가는
중국 진출 한국 기업

우대규정 등 혜택 없어지고 인건비 비용은 올라가
중국 서부와 동남아 등지로 탈출 채비

서부로 옮겨가기는 가야 할 것 같은데… 공장 옮기고, 이삿짐 싸서, 가족들 손 끌고 먼 길을 나서려니 차마 발걸음이 떨어지지 않습니다.… 가기는 가야 하는 걸까요?

중국 산둥성 칭다오에서 공장을 경영하는 한 한국 기업 사장이 지난 2011년 여름에 들려준 하소연이다. 인건비는 날로 비싸지고, 외국기업에 대한 조세 특혜는 그전 해 말로 완전히 없어졌고, 환경영향 평가를 비롯한 각종 규제법령은 자고 나면 하나씩 늘어가고, 이제 더 이상 칭다오에서 버틸 엄두가 나지 않는다는 것이었다.

중국 정부나 우리 정부나 이구동성으로 "중국 서부로 가라, 쓰촨성이나 후베이성은 아직 인건비도 싸고, 행정당국도 지금 가면 크게 환영할거다."라고 말하지만, 말 그대로 물 설고 낯선 땅으로 다시 옮겨 가려니 발걸음이 쉽사리 떨어지지 않는다는 말이다. 미국의 서부 개척 시절 마차에 이삿짐을 싣고, 가족들 태우고 서부로 서부로 향하던 모습은 어린 시절 미국 서부영화에서나 보던 광경인데 이제 칭다오에 사는 많은 한국 기업 사장들과 한국인 직원들이 그런 운명에 처했다는 것이다.

한국 기업의 중국 진출사는 지난 1988년 시작됐다. KOTRA가 집계한 숫자를 보면 1989년 7개의 기업이, 1990년에는 24개 기업이 새로 중국으로 진출했다. 중국으로 진출하는 한국 기업의 숫자는 이후 빠르게 늘어나 2006년 피크를 이뤘다. 그해 모두 2301개의 한국 기업들이 중국으로 진출했다. 하루에 6개 이상의 한국 기업들이 중국으로 옮겨간 셈이다. 그러나 2006년을 기점으로 중국으로 진출하는 한국 기업들의 숫자가 늘어나는 속도가 떨어지기 시작했다. 2007년에는 2121개, 2008년에는 1297개, 2009년에는 737개, 작년에는 908개 하는 식으로 증가율이 낮아지기 시작했다. 2006년에 하루 6~7개의 우리 기업들이 중국으로 회사나 공장을 옮겨갔지만, 2011년 들어서는 하루 2~3개 정도의 우리 기업들이 중국으로 옮겨가고 있을 뿐이다.

지금까지 중국 전역에 진출한 한국 기업들의 숫자는 2010년 말 현재 모두 2만 1016개라고 KOTRA는 집계하고 있다. 이 가운데 절반 정도인 1만여 개의 한국 기업들이 칭다오에서 사업을 하고 있다고 한다. 이른바 한국 내에서 이런저런 이유로 마지널한 입장에 몰려 칭다오로 건너간 기업들이 대부분인데, 이들 1만여 개의 한국 기업들이 또다시 칭다오를 떠나 머나먼 서부 지역 쓰촨성이나 후베이성, 아니면 아예 중국을 떠나 중국보다 인건비가 싸고 각종 여건이 나은 베트남이나 방글라데시, 파키스탄 등 또 다른 제3국으로 옮겨가야 하는지를 심각하게 고려하고 있다는 것이다.

칭다오에 진출한 한국 기업 사장들은 그동안 한국에서는 받아보지 못하던 대우를 받고, 살맛나는 인생을 경험하면서 살아왔다. 한국에서 세무서는 물론이고, 경찰서, 소방서, 환경 담당 공무원들로부터 말 그대로 시달림만 받으며 살아오다가 칭다오로 옮긴 뒤에는 이런 대접도 받으면서 살 수 있구나는 말을 하며 즐거운 인생을 살아왔다. 산둥성 인민정부에서, 칭다오시 인민정부에서 춘절이나 정부수립 기념일 같은 명절 때면 파티에 참석해달라고 초청장 보내지, 달력 보내주지, 은행에 가면 VIP 대우 받지, 호텔에서도 식당에서도 한국에서는 이른바 센 사람들이나 받는 대우를 받으면서 사는 재미가 쏠쏠했다.

그런데 최근 들어서는 그런 대우도 시큰둥해지고, 각종 우대 규정들이 사라지면서, 인건비마저 빠른 속도로 높아졌다. 그래서 이제는 장부의 수지를 맞추려면 서부로 옮겨가야 하는 입장으로 내몰리고 있다는 것이다.

대한상공회의소 북경사무소가 2011년 베이징을 중심으로 한 중국 내 186개 한국 기업을 대상으로 실시한 설문조사에서도 그 해의 기업 경영 부담요인으로 첫째, 임금상승과 노무관리(28.2%), 둘째 원자재와 부품난(25.2%), 셋째 경쟁 심화(11.7%)를 들었다. 특히 주목해야 하는 점은, 중국에 진출한 우리 대기업들은 주 경쟁상대로 첫째 중국 현지 기업(48.6%), 다음으로 중국에 진출한 선진 글로벌 기업(40.4%), 그리고 같은 한국 기업(11.4%)이라고 답했고, 중국 진출 우리 중소기업들은 주 경쟁상대로 첫째 중국 현지기업(60.1%), 다음이 선진 글로벌 기업(15.5%), 같은 한국 기업(12.8%)의 순으로 지목했다. 대기업이나 중소기업이나 다 같이 중국 현지 기업을 주 경쟁상대로 전쟁을 벌이고 있다는 것이다.

중국에 진출한 한국 기업들 앞에 이제는 선진 글로벌 기업보다도 중국 현지 기업들이 근육을 과시하며 떡 버티고 선 모습으로 나타나는 동안 한국과 중국의 경제교류 구조도 크게 바뀌었다. 1992년 수교하던 해에 한국에서 중국으로 수출한 10대 품목은 무역협회 조사에 따르면 석유화학, 철판, 철강, 가죽, 인조섬유, 인조직물, 종이제품, 섬유기계, 유기화학 등 주로 공업제품이었고, 같은 해에 중국에서 한국으로 수출한 10대 품목은 곡물, 원유, 요업제품, 섬유직물, 석탄, 견직물, 식물원료, 철강제품, 면직물 등 농산물과 옷감, 광산물 등이 주를 이루고 있었다.

그러나 수교 후 18년이 지난 2010년 한국에서 중국으로 수출한 10대 수출품은 모니터, D램, 텔레비전 부품, 테레프탈산, 제트연료유, 벙커C유, 집적회로 등이었고, 중국에서 한국으로 수출한 10대 수출품도 자동 자료처리기, D램, 화물선, 휴대전화 부품, 점화용 와이어링,

텔레비전 부품, 모노리식 집적회로, 액정모니터, 무연탄 등으로 서로 비슷했다. 이제는 한국에서 중국으로 보내는 수출품이나, 중국에서 한국으로 보내는 수출품의 내용물이 비슷하게 된 것이다.

스티븐 록이라는 미국의 국제정치학자가 제시한 이론에 따르면, 두 나라의 경제활동이 서로 이질적일 때, 다시 말해 1992년의 한국과 중국처럼 서로 상대국으로 수출하는 수출품의 내용이 한쪽은 공업제품이고, 다른 쪽은 농산물, 광산물 등일 때, 두 나라 외교관계는 평화적인 관계로 될 가능성이 많다.

그러나 두 나라의 경제활동 내용이 서로 동질적일 때, 다시 말해 요즘처럼 한국과 중국의 수출품 내용이 비슷한 상황일 때, 두 나라 사이의 평화는 유지되지 못할 가능성이 높다고 했다. 스티븐 록은 19세기 말에서 20세기 초에 세계의 최강대국이 영국에서 미국으로 바뀔 때 영국과 미국 사이에 전쟁이 발생하지 않은 이유 가운데 하나도 당시 영국과 미국의 경제활동 내용이 서로 이질적이었기 때문에 평화가 유지될 수 있었다고 예시하기도 했다.

1992년 한국과 중국이 수교할 수 있었던 것은 당시의 실력자 덩샤오핑이 1985년부터 "우리 중국의 경제발전을 위해서는 하루빨리 한국과 수교를 해야 한다."고 당시 첸치천 외교부장을 재촉했기 때문에 가능했던 일이라고 첸 부장은 그의 회고록《외교십기》(外交十記)에서 밝히고 있다. 당시 이른바 사소룡의 하나로 불리며 잘나가던 한국경제를 활용하기 위해 이뤄진 것이 한중수교라는 말이다. 그런 덩샤오핑의 구상대로 중국은 한국을 활용해서 경제발전을 이루는 데 성공했고, 18년이 지난 지금 한국과 중국은 서로 경쟁적인 경제구조를 갖게 됐다.

1992년 수교 당시 미국과 중국이 서로 사이가 좋았던 국제정치적 환경이 요즘은 서로 견제하는 구도로 비뀐 것을 따지지 않고, 순전히 경제적인 교류의 내용만으로도 앞으로 한중관계는 삐걱거릴 가능성이 많아진 것이다.

중국 중산층과
정치개혁

중산층 무시했다 큰 코 다칠라, 중국 지도부 정치개혁 드라이브

중국은 정치개혁을 추진해야 한다. 개인이든 조직이든 법률 앞에서 완전히 평등한 사회가 되어야 한다.

원자바오 중국 총리가 지난 2011년 4월 28일 말레이시아에서 한 말이다. 공식방문 기간 중에 현지 주재 대사관원들과 교민들을 만난 자리에서 또 다시 정치개혁의 필요성을 언급한 것이다. 원자바오 총리는 2010년 8월과 9월 선전 경제특구 설립 30주년 기념 연설 등을 통해 정치개혁에 대해 말을 꺼내기 시작한 이래 한동안 잠잠하더니 또 다시 정치개혁의 필요성을 언급함으로써 중국 정치의 속사정에 대해 궁금증을 일으켰다.

물론 중국 고위 지도자들 가운데 유독 원자바오만 정치개혁을 말한 것은 아니다. 후진타오 국가주석도 2010년 9월 선전을 방문한 자리에서 "경제체제와 정치체제, 사회체제의 개혁을 추진하기 위해서는 선전시의 선행선시(先行先試)가 필요하다."고 말했다. 30년 전 조그만 어촌이던 신진시가 경제특구가 되면서 중국 경제발전을 선도한 것처럼, 정치개혁도 선전시가 먼저 해보는 것이 어떠냐는 것이다. 원자바오의 발언에 이은 후진타오의 언급에 뒤따라 중국공산당은 2011년 9월 15일부터 사흘간 열린 제17기 중앙위원회 5차 전체회의를 통해 정치개혁의 필요성을 명시하는 구절이 담긴 공보를 발표해서 중국 안팎을 놀라게 했다.

중국은 지난 1978년에 시작된 개혁개방 정책의 성공으로 30년 경제발전을 성공적으로 이룩한 바탕 위에서 드디어 정치개혁, 민주화를 추진하는 방향으로 나아가는 것일까? 그동안 경제의 빠른 발전은 추구하되 정치적으로는 권위주의를 유지하는, 이른바 박정희식의 신권위주의를 채택해온 것이 중국이었는데, 이제부터는 정치의 민주화를 추구하는 방향으로 과연 걸음을 옮기고 있는 것일까. 만약 그렇다면 중국경제의 앞날에는 한 치를 내다볼 수 없는 천변만화(千變萬化)가 기다리고 있는 것일까.

그 점을 짚어보기 위해서는 배링턴 무어라는 사회학자가 1966년에 쓴 《독재와 민주주의의 사회적 기원》(Social Origins of Dictatorship and Democracy)이라는 책의 이론에 따라 점검해보지 않을 수 없다. 무어는 그 책에서 영국과 프랑스 등 유럽 국가들은 근대에서 현대로 넘어오면서 지금의 중산층에 해당하는 부르주아 계층을 형성했기 때문에 민주주의 정치체제를 구축하는 것이 가능했고, 중국은 그렇지 못했기 때문에 농민들의 지지를 기반으로 하는 정치체제를 구축하다 보니 독재정치 체제를 구축할 수밖에 없었다는 이론을 제시했다. 이 이론에 따르자면 현재 중국에는 얼마만한 정도의 중산층이 형성되어 있는가를 따져보는 것이 앞으로 중국의 정치개혁이나 민주화가 가능할지의 여부를 따져보는 데 중요한 기준선을 제공해줄 것이다.

과연 중국에는 얼마만한 크기의 중산층이 형성돼 있을까. 미국의 투자 자문회사인 맥킨지는 지난 2006년 중국 국가통계국의 자료를 바탕으로 해서 당시에 형성돼 있는 중국 중산층의 크기를 측정하고, 또 이후 중산층의 크기를 전망하는 작업을 해서 그 결과를 발표한 일이 있다. 당시 맥킨지의 조사에 따르면 2005년의 경우 세계은행의 기준에 맞는 것으로 추정되는 연수입 4만~10만 위안에 해당하는 중산층의 비율은 9.4% 정도였다. 맥킨지는 2015년이 되면 이 비율은 21%를 웃도는 수준이 될 것이며, 2025년에 가야 59.4%로 확대될 것이라고 예상했다. 다시 말해 '물건을 고를 줄 알게 되면, 정권을 고르게 된다.'는 말로 대변되는 민주화는 중국의 경우 2015년 전후가 되어야 비로소 가능할 것이라는 예측이 성립하는 것이다.

중국의 중산층 크기에 관한 가장 최근의 조사는 ADB(아시아개발은행)이 2011년 2월에 내놓은 보고서일 것이다. '중국 중산층의 부상' (The Rise of the Middle Class in Peoples Republic of China)이라는 제목이 붙은 ADB의 보고서는 맥킨지의 조사보다는 중국 중산층의 두께가 좀 더 두터운 것으로 판단했다. ADB는 하루 수입 2달러 이하의 가정을 가난한(Poor) 계층으로 분류하고, 2~20달러 범위의 가정을 중산층으로 분류했다. 하루 수입 20달러 이상은 상위 계층으로 분류했다. 이 분류에 따르면 2007년 중국의 중산층은 이미 70%를 넘어선 것으로 조사됐다.

이 조사에서 하루 수입 6~10달러의 중상(Upper Middle) 계층을 부유층으로 분류할 경우 중산층 비율은 44%를 약간 웃도는 수준인 것으로 조정해볼 수 있다. ADB의 조사에 따르면 2011년을 기준으로 중국의 중산층 비율은 이미 50%를 넘어섰을 것으로 추정해볼 수도 있다. 그럴 경우 중국은 이미 미국이나 유럽의 중산층 비율을 향해 다가가고 있고, 정치체제 개혁과 민주화에 필요한 환경은 얼마 안 가 조성될 것으로 전망해볼 수 있다. 그러나 필자의 판단으로는 중국 중산층의 실제 크기는 맥킨지의 진단과 ADB의 진단 사이 어느 선에 와 있을 것으로 보는 것이 현실적인 것이라고 생각된다.

배링턴 무어가 볼 때 중국의 경우 진(秦)왕조에서 청(淸)왕조에 이르는 왕조 정치체제에서는 과거를 통해 선발된 선비 계층이 사실상 토지의 소유권이라는 경제력과 정치권력을 동시에 쥔 계층이었다. 황제도 따지고 보면 토지의 소유권을 가진 지주였고, 황제는 과거를 통해 형성된 선비계층에게 토지를 나누어주고 수확물을 거두어들인 거대 지주였다. 이 선비 계층이 청대에까지 유지됐기 때문에 중국에서는 중산층 부르주아 계층이 형성되지 않았으며, 마오쩌둥은 피압박 계층인 농민들의 지지를 바탕으로 정치체제를 구축하다 보니 과격한 독재체제를 구성하게 됐다. 따라서 무어의 이론을 적용해보면, 덩샤오핑이 내세운 샤오캉 사회를 목표로 한 경제발전의 결과 중국에도 형성되기 시작한 중산층의 범위가 넓어질 경우 중국도 민주주의를 실시하는 날이 올 것이라는 전망도 가능해지는 것이다.

그런데 과연 그렇게 될까. 인구 14억의 중국이 정치체제를 근본적으로 개혁하고, 서구식의 민주주의 실시를 위한 정치제제의 개혁에 나서는 모습을 머지않은 장래에 보게 될까. 중국에서도 물건을 고를 수 있게 되면, 정권도 고르게 된다는 말이 실현되는 날이 오게 될까?마르크스주의자들 논리로 말하자면 "하부구조의 변화가 마침내 상부구조의 변화로 연결되는 날"이 얼마 안 가 오게 되는 걸까.

다시 생각해봐야 하는 점은 중국의 왕조시대와 마찬가지로 우리의 경우에도 조선왕조 500년 동안 과거를 통해 선발된 관료 계층이 토지소유를 독점하고, 농민들은 이들 학자 겸 관료 겸 지주인 사람들의 땅을 빌어서 소작을 짓던 시대가 계속돼왔다. 아마도 그래서인지 모른다. 요즘 대한민국에서도 각종 고시를 통해 출세한 사람들이면 마땅히 경제적으로도 성공해야 한다는 생각이 우리 사회 깊숙한 곳에 뿌리박혀 있고, 그래서 배운 사람들이면 경제적으로도 성공해야 한다는 생각이 부산저축은행 같은 사태를 만들어냈는지도 모른다.

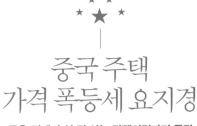

중국 주택
가격 폭등세 요지경
좁은 집에 수십 명 사는 달팽이집까지 등장

불편한 동거. 프랑스 정당들 이야기가 아니다. 중국 젊은이들이 홧김에 이혼을 하고도 급등하는 집값 때문에 집을 팔지 않고 같이 살던 집에 그냥 눌러 산다는 이야기다. 베이징에서 발행되는 조간신문 〈북경신보(北京晨報)〉가 지난 2010년 4월 12일 전했다. 1980년 이후에 출생한 이른바 바링허우(八零後)들, 어린 시절에는 소황제라는 말을 듣던 바링허우들이 거침없는 성격 때문에 이혼율이 30%에 달하고, 이들 가운데 10%는 이혼신고를 한 뒤에도 따로 나가 살 집을 마련하지 않고 그냥 한집에 머물러 살고 있다는 것이다.

성이 각각 린(林)과 양(楊)인 두 바링허우 부부의 경우 1년여 전에 결혼을 하면서 부모의 도움을 받아 베이징에서 120만 위안(약 2억원)

을 주고 공동명의로 사서 입주해 살았다. 그런데 방 두 개짜리 아파트 가격이 최근에 300만 위안으로 껑충 뛰자 이혼한 마당이긴 하지만 더 오르기를 기다리면서 방 하나씩을 차지한 채 그냥 살고 있다는 것이다.

2010년 5월 전국인민대회 정부공작보고를 통해 원자바오 총리가 '중국경제가 해결해야 할 최대의 화두'로 부동산 가격 폭등을 지목했으나 집값 폭등사태는 더욱 악화되고 있다. 실물경제 정책 입안자들이 해결해야 할 최대의 난제가 되고 있다. 베이징 지식인들이 가장 많이 보는 조간신문 〈신경보(新京報)〉 2010년 4월 15일자는 국가통계국이 발표한 수치를 인용해서 지난 3월 한 달 동안 전국 70개 도시의 주택 가격 상승폭이 11.7%에 달했다고 전했다. 벌써 10개월째 상승세만 기록하고 있다는 것이다. 관광지로 유명한 하이난성의 주도 하이커우 시는 2010년 3월 한 달 동안 전년도 같은 기간에 비해 64.8%나 폭등했고, 섬 남쪽의 싼야에서는 57.5% 상승했다. 동중국해 중부연안의 원저우도 22.3%의 오름세를, 남부의 광저우 시도 20.3%나 올랐다.

집값이 말 그대로 천정부지(天井不知)로 오르다보니 '달팽이집'(蝸居)도 늘어가고 있다고 한다. 달팽이집이란 9㎡이 채 되지 않는 방 한 칸에서 사는 경우를 말하는데, 인구 3000만 명의 충칭에서는 195㎡(약 59평)짜리 주택을 25개로 분할해서 9㎡(3평 미만)짜리 달팽이집을 만들어서 40명이 살고 있다는 이야기도 들린다. 가부좌를 틀고 앉아도 앞무릎이 건너편 벽에 가닿을 공간밖에 없는 집이다.

원래 사회주의 국가였던 중국이 주택분배제도를 포기한 것은 1998

년이었다. 1978년에 열린 이른바 중국공산당 제11기 중앙위원회 3차 전체회의(11기 3중전회)에서 덩샤오핑이 검은 고양이든 흰 고양이든 쥐만 잘 잡으면 된다는 실용주의 경제정책을 선언한 지 20년 만이었다. 그때까지 중국 젊은이들은 학교를 졸업하고 일자리를 얻으면, '단 웨이'(單位·직장)가 확보하고 있던 집을 한 칸씩 분배해주었다. 괜찮은 국영기업에 다니는 젊은 남녀는 각각 나누어 받은 집을 유지하기 위해 결혼하고도 혼인신고를 하지 않는 경우가 많았다. 그러던 것이 1998년의 이른바 팡가이(房改·주택제도개혁)로 각 주택 거주자를 소유자로 지정한 뒤 주택 거래를 허용하는 조치를 취했다. 사회주의식 주택분배제도를 폐지하고, 자본주의 경제 방식으로 주택을 소유하고 거래할 수 있도록 한 것이다.

"나는 베이징 시내에 집을 두 채 갖고 있다. 1998년 팡가이 때 대학 교수인 집사람이 대학이 분배해준 아파트 한 채의 소유자가 됐고, 나도 내가 다니는 정부 산하 연구소에서 아파트 한 채의 소유자로 지정됐다. 두 채 다 베이징 시내에 있는데 그동안 값이 많이 올라서, 얼마 전에 한 채를 팔아 베이징 외곽 온천지대에 신축한 빌라형 고급 전원주택을 한 채 샀다. 요즘 주말마다 집사람과 아들 셋이서 승용차를 몰고 가서 온천욕을 하고, 생선이나 고기를 구워먹으며 쉬다가 오는 생활을 즐기고 있다."

2010년 서울에 온 50대 중반의 정부 산하 연구소 연구원은 그러면서 "베이징에 오면 우리 별장에 한번 놀러가자."면서 한쪽 눈을 찡긋

해 보인다. 대학시절까지 사회주의 국가에 살았던 그는 사회주의의 추억을 되살리면서, 그러나 이건 아니다 라는 생각을 할 때가 많다고 비판적인 견해를 내놓는다. "팡가이 당시에 좋은 국영기업이나 정부기관에 다니고 있어서 대도시에 좋은 집을 소유하게 된 사람, 경제 발전의 바람을 타고 큰돈을 벌어 괜찮은 주택을 장만한 사람들은 아직도 일부에 불과하고 대다수의 인민들은 집 마련을 하지 못하고 있다."면서 주택정책에 관한 한 '사회주의 방식'으로 되돌아가는 것도 생각해봐야 한다는 말도 한다. 주택이 거래제로 바뀐 이후에 사회로 진입하는 대부분의 젊은이들이 결혼을 하고도 살 집을 구하지 못해 쩔쩔 매는 그런 사회라면 문제가 있다는 것이다. 그는 그러면서 "노무현 대통령 시절에 만들어진 한국의 종합부동산세를 중국 정부가 도입 여부를 놓고 연구 중이다."라고 귀띔해주었다. "나같이 집을 두 채 소유하고 있는 사람들에게는 중과세 하는 것이 사회정의에 맞는 것이 아닌가?"라는 자아비판형 견해를 덧붙이면서.

그의 귀띔이 농담이 아닌 듯 지난 2010년 4월 14일 관영 〈신화통신〉은 원자바오 총리가 국무원 상무회의를 소집해서 내린 지시를 전했다. "전국의 도시행정 책임자들은 주택 가격 상승 억제에 최선을 다하라. 부동산 시장의 건강한 발전을 위해 책임 있는 노력을 기울이고, 인민들의 주택 확보와 주택용지의 안정적인 공급에 유효한 조치들을 취하라. 주택 구입을 위한 금융기관의 대출에 엄격한 기준을 적용하라. 개인의 주택 소유에 대해 조세정책으로 관리하는 방안을 연구하라."

아무리 열을 떨어뜨리려 해도 열이 떨어지지 않는 이른바 고소불퇴 (高燒不退)의 주택 시장에 대해 행정지도를 통한 정부 가격 고시제를 도입해야 한다는 이야기가 나오는가 하면, 한편에서는 "그럼 다시 사회주의 시절로 돌아가자는 말이냐."면서 불만을 터뜨리는 소리도 들린다. 중국 경제개혁의 총본부라고 할 국가발전개혁위원회의 한 연구원이 중앙과 지방의 행정기관들이 신축 주택 가격 산정에 개입해서 합리적인 이윤을 더한 적정 행정지도 가격을 정해주어야 한다는 건의문을 만든 사실이 알려진 뒤에 벌어진 논란이다.

그런 가운데 수도 베이징에서는 이미 주택용지가 바닥났다고 전해졌으며, 동쪽 외곽 주택 건설 부지가 많아 보이는 퉁저우 행정 당국도 최근 앞으로 매매용 주택 건축을 위한 주택용지는 허가해주지 않을 것이라고 발표했다. 중국의 수많은 부동산 개발업자들이 이제는 베이징, 상하이, 광저우 등 대도시를 떠나 2~3급 지방도시들로 눈을 돌리고 있다고도 한다.

빈부격차가 갈수록 커지고 있는 중국의 현실을 걱정하는 중국 지식인들은 주택난 때문에 중국 전역이 슬럼화하고 있다며 걱정스러워 하기도 한다. 현재 전국에서 늘어나는 것은 달팽이집 형태의 소규모 주택들이며, 이런 추세를 그냥 내버려 두다가는 이 시대가 중국 대륙 전체에 소형 불량주택을 양산한 시대로 역사에 기록될 것이라는 걱정이다. 중국 안팎에서 들을 수 있는 그런 한숨들을 들어보면 중국은 아무래도 머지않아 두 번째의 주택제도 개혁, 제2차 팡가이(房改)에 나서지 않을까 하는 예상을 어렵지 않게 해볼 수 있다.

　또한 제2차 주택제도 개혁이 실시된다면 그 방향은 아무래도 다주택 소유자나 호화주택 소유자에게 세금을 무겁게 부과하는 조세 시스템을 만들거나, 아니면 주택 소유에 대해서만은 사회주의적 방식을 적용하는 방안을 만들어낼 가능성도 충분히 있는 상황인 듯하다. 또 그런 조치가 임박한 것으로 알려질 경우 현재의 다주택 소유자들이 일시에 자신의 주택을 매물로 내놓아 중국 전역에서 집값이 폭락하는 또다른 혼란이 빚어지지 않을까하는 철 이른 걱정도 해보게 된다.

중국경제 태풍의 핵
주택 불평등

사유화 허용 이후 가격 폭등, 종부세 도입 등 해결책 마련 안간힘

공평한 정의는 태양보다도 밝게 빛난다. 원자바오 중국 총리가 지난 2010년 3월 14일에 한 말이다. 원자바오는 그해 3월 5일부터 열흘간 베이징 인민대회당에서 개최된 전국인민대표대회 마지막 날 내외신 기자회견을 하면서 그렇게 말했다. 회견 끝머리에 싱가포르 기자가 "(현재 중국 사회에는) 수입과 분배의 불균형을 비롯한 이런 저런 불공평이 존재하고 있는데 어떻게 해결할거냐"고 한 질문에 대해 이와 같이 대답한 것이었다.

1949년 10월에 중국공산당이 세운 중화인민공화국이란 나라는 사회주의 국가였다. 인민들의 의·식·주 생활이 너나 나나 별 차이가 없는 세상이었다. 그러나 1978년 경제개혁과 대외개방 정책이 실시되면서 중국은 '평등'보다는 '발전'을 앞세워서 추진해왔다. 그 결과 30여 년이 지난 요즘 중국은 인민들의 생활에서 불평등이 갈수록 커져가고 있다. 불평등 가운데에서도 인민들의 관심이 가장 많이 쏠리고 있는 부분이 주(住)생활이다. 중국인들이란 입고 먹는 문제에서는 졸부들이 해외에서 산 명품을 입고 뽐을 내고, 하루 저녁에 보통사람들 몇 달치를 눈 깜짝 않고 먹어치우는 이야기가 여기저기서 들려도 '그러려니…' 하고 지낼 줄 아는 사람들이다. 그러나 어찌된 판인지 주택 문제만은 같은 직장 내에서도 집을 여러 채 갖고 있는 사람도 있고, 호화 별장도 갖고 있는 사람이 있는 반면 아직도 자기 집을 갖지 못하고 있는 사람들이 많고, 있다고 하더라도 좁아터진 아파트에 사는 사람들이 대부분인 형편이라 중국의 보통사람들을 흥분시키고 있다.

중국에서는 집을 팡즈(房子), 줄여서는 팡(房)이라고 한다. 상품방(商品房)이라고 하면 말 그대로 사고파는 거래의 대상이 되는 집이라는 뜻이고, 경제적용방(經濟適用房)은 경제성을 살린 주택이라는 뜻이며, 이수방(二手房)이라고 하면 이른바 중고 주택이란 뜻으로, 새로 지어져 팔리는 집이 아니라 한 번 이상 거래된 집이라는 뜻이다. 상품방이건 경제적용방이건 새로 지어져서 팔리는 집이라는 점에서는 마찬가지다. 그러나 대체로 상품방이라고 하면 132~165㎡가 넘는 큰 집을 말하고, 경제적용방이라고 하면 99㎡가 채 되지 않는 소형 아파트를 가리키는 말로 자리를 잡았다. 문제는 비슷한 직장에서 일하는 사람들 사이에도 재빠르게 큰 집을 장만해서 떵떵거리는 사람들과, 어쩌다 보니 조그만 경제적용방을 겨우 마련해서 사는 사람들로 운명이 갈라져서 서로 시기와 질투를 하는 대상이 되고 있다는 점이다. 그런가 하면 넓은 집을 두 채, 세 채 가진 사람도 많아졌고, 대도시 근교에 별장까지 마련한 사람도 생겨났다.

큰 집을 지니고 살게 된 사람일수록 또 어느새 아우디, 벤츠 등 좋은 승용차까지 마련해서 주말이면 달려가 쉬고 오는 모습도 베이징, 상하이 같은 대도시에서는 이미 새로운 풍경이 아니다. 그러니 눈치가 빠르지 못해 경제적용방에서 살면서 그런 모습을 구경만 해야 하는 인민들은 부아를 터뜨리지 않을 수 없는 문제가 되어가고 있는 것이다. 원자바오 총리도 그런 점을 의식해서 2010년 3월 5일 정부공작보고를 통해 앞으로 한 해 동안 다음과 같은 부동산 정책을 펴겠다고 약속했다.

"…부동산 시장의 건강한 발전을 위해 일부 도시에서의 주택 가격 폭등을 억제하고, 인민 군중들의 기본적인 주택 수요를 충족시키도록 할 것입니다. 중앙정부 재정에서 작년보다 18억 위안(약 3000억 원) 늘어난 632억 위안의 보조금을 지원해서 인민들의 주택 마련을 도울 것입니다. 300만 호의 주택을 올해 안에 건설할 것이며, 280만 호의 주택 개량 사업도 지원할 것입니다. … 투기성 주택 거래를 억제하기 위해 금융기관의 신용대출을 차별화하고, 주택에 대한 세금부과제도를 개선할 것입니다. …"

과거에 사회주의 국가였고, 지금도 정치적으로는 사회주의 국가라고 강변하고 있는 중국은 원래 주택을 국가가 배분해주던 시스템을 갖고 있던 나라다. 그러던 중국은 1998년 7월 이른바 '도시 주택제도 개혁과 주택 건설 촉진에 관한 국무원 통지'를 통해 주택 사유화와 매매를 허용했다. 그 이전까지는 소속 직장, 이른바 단웨이(單位)가 공유주택을 지어서 저렴한 임대료를 받고 직원들에게 제공하는 주택분배제도를 주택제도의 기본으로 하고 있었다.

그러다가 기존 직장 소유의 공유주택을 개인에게 매각하고 이를 자유롭게 거래할 수 있게 하는 본격적인 주택 사유화의 길로 들어서는 과정에서 인민들의 주택 소유에 천차만별의 불공평이 나타나게 된 것이다. 번듯한 직장에 다니던 사람은 당시 헐값에 괜찮은 주택을 갖게 됐고, 부부가 함께 번듯한 직장에 다니던 경우에는 두 채를 갖게 됐다. 그렇지 못한 사람들은 이른바 좁아터진 로우팡(樓房: 아파트)이나, 주거 여건이 열악한 핑팡(平房)에 살게 됐고, 그나마 농촌에서 도시로 흘러온 막노동꾼이나 행상들은 반지하방에 세들어 살게 된 것이다.

수도 베이징의 경우 주택 사유가 허용된 1998년 7월 이후 2000년 말까지 155만 가구가 베이징 공유주택 전체 면적의 64%에 해당하는 면적을 사유로 확보했고, 상하이·광저우·선전 등 비교적 사유화에 앞선 7개 도시는 공동주택의 사유화 비율이 90%에 이르렀다. 그러나 원자바오를 비롯한 중국 지도자들의 머리를 아프게 만들고 있는 것은 부동산 가격이 너무 빠른 속도로 비싸지고 있다는 점이다.

사회주의 세상에서 살다가 주택의 사유가 허용된 이후 뒤늦게 싼 집이 있으면, 은행 융자라도 받아 사두는 것이 돈을 버는 길이라는 '평범

한 진리'를 깨달은 사람들이 너도 나도 부동산 투기에 나서면서 웬만한 중국 대도시의 주택 가격이 빠른 속도로 상승곡선을 그리기 시작한 것이다. 중국 대도시의 주택 가격은 지속적으로 상승하다가 지난 2008년 10월 미국발 금융위기의 태풍 속에서 일시 주춤하는 듯하더니, 2009년 4~5월 사이에 회복세로 돌아섰다. 중국국가통계국 발표에 따르면, 2010년 2월 전국 70개 도시의 주택 가격이 전년도 같은 기간보다 무려 10.7%나 폭등세를 보이고 있는 것이다.

원자바오 총리가 공평한 정의는 태양보다도 밝게 빛난다고 말한 이유는 자신을 비롯한 중국공산당 지도자들이 원래 평등을 추구하던 공산주의자였다는 사실을 웅변으로 말하고 싶어서였을 것이다. 그러나 현재 중국의 주택과 부동산 시장에서는 공평한 정의가 태양보다도 밝게 빛나고 있는 것이 아니라, 갈수록 빛이 바래가고 있다. 원자바오의 말은 그런 답답함을 거꾸로 표현한 것이다.

얼마 전 서울을 방문한 한 중국공산당 간부는 "주택 문제의 불평등을 해소하기 위해 당 지도부들 사이에서는 한국에서 1가구 2주택에 부과하고 있는 종합부동산세를 도입해야 한다는 주장을 하는 사람들이 생겨나고 있다."고 귀띔해주었다. 노무현 대통령 시절에 만들어진 종합부동산세가 중국으로 수출되는 날이 올지도 모르는 일이다. 어쨌든 주택을 중심으로 한 부동산 시장의 움직임은 중국경제와 정치에 언제든 태풍의 핵이 될 수 있는 문제로 자리를 잡아가고 있다.

중국 부자들이
좋아하는 것들

**아르마니 입은 채 애플 노트북으로 정보 검색,
벤츠 S·아우디 A8 타고 드라이브 즐겨**

중국에서 부자들의 숫자는 얼마나 되고, 이들은 어떤 생활을 하고 있을까. 미국이라면 부자들에 대해 알고 싶으면 〈포브스〉를 들춰보면 될 것이다. 그럼, 중국에서는? 중국에는 후룬 바이푸(胡潤百富)라는 인터넷 웹사이트가 있다. 상하이에서 활동하는 영국인 회계사 루퍼트 후거워프가 만드는 웹사이트로, 2005년 문을 연 이래 중국 부자들에 대한 권위 있는 리스트와 자료를 발표해서 자리를 잡았다. 이제는 중국 부자들에 대한 이야기라면 후거워프가 이 웹사이트에 매년 발표하는 후룬 바이푸방(胡潤百富榜)을 인용해야 이야기가 된다. 후룬(胡潤)은 후거워프의 중국어 이름으로, 후거워프를 '후'로 줄이고, 루퍼트를 '룬'으로 줄여 음역해서 만든 이름이다.

후거워프는 2014년 기준으로 만 44세가 된 인물로, 룩셈부르크에서 출생한 영국인이다. 런던대학을 졸업하고, 회계사가 된 뒤에 회계법인 아서앤더슨 상하이사무소에서 일하면서 1999년 중국 잡지와 신문 100여 가지를 취합해서 처음으로 중국 부자 리스트를 발표, 관심을 모았다. 본업보다 취미로 시작한 일로 더 유명해져, 2001년에는 앤더슨을 떠나 〈포브스〉의 '중국 수석연구원' 자리를 얻었다. 2005년부터는 〈포브스〉 수석연구원도 그만 두고, 중국 부자들의 리스트 발표와 중국 부자들을 동원하는 각종 이벤트 행사를 전업으로 하고 있다.

루퍼트 후거워프는 2009년 4월 15일 '후룬의 재부보고'(財富報告)란 리포트를 발표했다. 중국의 온·오프라인 자료를 모두 동원해서 "개인 소유 기업의 자산과 개인 소유 부동산을 포함해서 1000만 위안 이상의 재산을 가진 개인들의 숫자가 중국 인구 13억 명 가운데 82만 5000명이라고 발표했다. 1억 위안 이상 가진 부호들은 5만 1000명 정도 된다고 했다.

1000만 위안을 단순 환율로 계산하면 우리 돈 18억원이지만, 〈이코노미스트〉의 2008년 빅맥지수가 한국 3200원 대 중국 12.5위안이고, 현재 환율이 1위안에 180원이라는 점을 감안하면 구매력 기준으로는 우리 돈 25억원 이상의 가치를 지니고 있다고 할 수 있다. 그러니까 중국 전역에 우리 돈 25억원 이상의 재산을 가진 개인들이 82만 5000명 정도 있고, 이 가운데 250억원 이상의 재산을 가진 개인들이 5만 1000명 정도 된다고 보면 된다. 중국에서는 이들을 각각 천만 부호(千

萬富豪), 억만 부호(億萬富豪)라고 부른다.

이들 중국 부자들은 어떤 생활을 즐기고 있을까. 후거워프는 지난 2009년 4월부터 11월까지 천만 부호 가운데 383명을 인터뷰한 조사 결과를 이듬해 발표했다. 중국 부자들이 자신들이 번 돈으로 즐기고 있는 레저생활은 여행, 골프, 수영, 차 마시기, 독서, 가사 돕기, 드라이브, 사우나, 가라오케, 낚시, 술 마시기, 발마사지, 테니스, 시거 피우기 등 순이었다.

우선 여행을 보면, 중국 부자들은 연평균 16일의 휴가를 즐기며, 부자들의 중국 바깥 출국의 3분의 2가 레저 목적의 여행을 위한 것이었다. 여행 빈도는 1년 전에 비해 40%가 늘어났다. 중국 부자들이 가장 선호하는 여행 목적지는 미국·프랑스·호주·일본·싱가포르·이탈리아·하와이·영국·두바이·캐나다의 순이었다. 국내 여행지로는 하이난 남쪽의 싼야로 '중국의 하와이'라는 별명이 있는 곳이고, 이어서 홍콩·윈난·상하이·베이징·티베트 순이었다. 일본은 중국인들에게 여행 목적의 비자를 면제해주기로 함에 따라 순위가 뛰어오른 것으로 조사됐다. 여행할 때 중국인들이 가장 즐겨 타는 항공편은 중국국제항공(China Air)이고, 숙박 호텔은 샹그릴라·하얏트·힐튼 순이었다. 중국 부자들이 별장을 가장 많이 소유하고 있는 지역은 하이난의 싼야인 것으로 나타났다.

중국 부자들이 여행 다음으로 즐기는 레저는 골프다. 중국 천만 부호들 가운데 40%, 억만 부호들 가운데는 50% 이상이 골프를 즐기는 것으로 조사됐다. 평균 핸디는 아직 높은 수준이어서 핸디 26(98타) 정도인 것으로 나타났다. 이들이 최고로 치는 골프장은 홍콩 부근 선전의 미션 힐스(觀瀾湖GC)로, 세계 최대의 216개 홀을 자랑하는 클럽이다. 타이거 우즈, 올라사발 등 세계 유명 골퍼들이 18홀씩 설계했거나 이름을 빌려주었다는 소문이 있다.

코스 이름 자체가 설계한 골퍼 이름을 따서 잭 니클라우스 코스, 그렉 노먼 코스, 애니카 소렌스탐 코스 등으로 붙여져 있다. 워낙 커서 클럽하우스만 4개이며, 2004년에 미국 파인허스트 리조트를 제치고 세계 최대 골프장으로 올라섰다. 클럽하우스에서 클럽하우스로 이동하는 데만 버스로 20분씩 걸리기 때문에 지정 클럽하우스를 정확히 알고 가야하며, 캐디들 숫자만 3000명으로, 골퍼 1명에 캐디 1명씩 따라 붙는다. 부자들 가운데서는 베이징의 부자들이 골프를 가장 좋아하는데, 베이징의 부자들이 최고로 치는 베이징의 골프장은 만리장성 근처의 통칭 화빈골프장이다. 중국 부자들은 상하이 인근 골프장으로는 위산과 톰슨클럽을 가장 높이 평가한다.

중국 부자들이 비즈니스용으로 타고 다니는 승용차로는 벤츠S가 가장 높은 인기를 누리고 있고, 그 다음은 아우디 A8이다. 벤츠는 중국어로 번츠(奔馳; 힘차게 달린다는 뜻)로 음역돼 더욱 인기이고, 아우디는 로고가 네 개의 동그라미(동그라미는 돈을 상징)가 겹쳐져 있어 인기를 더하고 있다. 미국 승용차 뷰익은 비에커(別克)이라는 이름으로 내놓았으나, 손님을 거부한다는 뜻의 비에커(別客)와 발음이 같다는 점에서 중국 부자들의 많은 사랑을 받지 못하고 있다.

천만 부호가 아닌 억만 부호들은 벤츠S보다는 벤츠E를 더 선호하고, 비즈니스용이 아니라 자가운전을 해서 몰고 다니는 차로는 벤틀리를 가장 좋아하는 것으로 나타났다. 벤틀리는 중국어로 빈리(賓利; 타는 손님에게 이로운 일이 있다는 뜻)로 음역돼 더욱 사랑을 받고 있다. 중국 부자들은 1인 평균 3.8대의 승용차를 보유하고 있는 것으로 조사됐다.

미국 차 뷰익의 비극은 중국 시장에 승용차를 내놓을 때 브랜드의 중국어 음역에 얼마나 신경 써야 하는가를 말해준다. 현대자동차의 경우 아반테를 위에둥(躍動; 약동한다는 뜻)이라는 이름으로 내놓아 중국 일반인들을 상대로 대박을 쳤다. 물론 배기량 1600cc로 경제성도 인정받고, 중국 정부의 보조금 정책과도 맞아 떨어진 점이 크게 작용했지만, 브랜드 '위에둥'이 주는 활기찬 느낌이 치솟는 판매량을 가속시켜주고 있는 것으로 판단되고 있다.

후거워프가 표본조사한 결과 중국의 천만 부호들의 평균연령은 41세, 승용차 평균 3대, 고급 손목시계 4.4개, 보석류 수집을 선호하며, 중국 고대의 붓글씨와 그림에도 관심이 많고, 현대 예술품 수집과 쇼핑을 즐기고, 3분의 1 정도는 술을 마시지 않으며, 절반 정도는 담배를 피우지 않는 것으로 조사됐다. 부동산 투자도 즐기고, 70%는 정기 건강진단을 받고 있고, 건강에 관심이 많은 것으로 나타났다. 억만 부호들의 평균연령은 43세로 천만 부호들보다 조금 높고, 남성의 비율이 82%, 연평균 4회 정도 레저여행을 즐기는 것으로 나타났다. 이들은 양복으로는 아르마니를 좋아하며 버버리는 별로 좋아하지 않는 것으로 조사됐다. 이들이 선호하는 보석은 까르띠에 브랜드가 단연 인기인 것으로 나타났다.

루퍼트 후거워프의 조사를 보면 우리 제품들은 아직 중국 부자들의 관심을 끌지 못하고 있는 것으로 나타났다. 노트북조차도 중국 부자들은 애플사의 노트북을 갖고 다니며, 휴대전화는 베르투(Vertu), 가장 즐겨 차는 시계는 파텍 필리페인 것으로 나타났다. 우리 경제계는 이들 중국 부자들의 기호의 변화를 잘 관찰하고 있어야 할 것이다. 이들 중국 부자들이 중국 전체의 소비생활을 이끌고 있기 때문이다. 중국에 범람하는 가짜조차도 이들 중국 부자들이 선호하는 브랜드를 가짜로 만들고 있다.

NEW 차이나트렌드

초판 1쇄 인쇄 | 2014년 12월 2일
초판 1쇄 발행 | 2014년 12월 10일

지은이 | 박승준
펴낸이 | 이기동
편집주간 | 권기숙
마케팅 | 유민호 이동호
주소 | 서울특별시 성동구 아차산로 7길 15-1 효정빌딩 4층
이메일 | previewbooks@naver.com
블로그 | http://blog.naver.com/previewbooks

전화 | 02)3409-4210
팩스 | 02)3409-4201
등록번호 | 제206-93-29887호

교열 | 임성옥
인쇄 | 상지사 P&B

ISBN 978-89-97201-19-8 03300

ⓒ박승준 도서출판 프리뷰 2014
저작권에 의해 보호받는 저작물이므로 무단전재와 복제를 금합니다.

잘못된 책은 구입하신 서점에서 바꿔드립니다.
책값은 뒤표지에 있습니다.